Peter Brehm

Der Deutsche Schäferhund

Praktische Ratschläge für Haltung, Pflege und Erziehung

8., überarbeitete Auflage
Mit 50 Abbildungen, davon 35 farbig

Parey Buchverlag Berlin 1998

PAREY

Parey Buchverlag im
Blackwell Wissenschafts-Verlag
Kurfürstendamm 57, D-10707 Berlin

Die Deutsche Bibliothek – CIP-Einheitsaufnahme

Der Deutsche Schäferhund : praktische Ratschläge für Haltung, Pflege und Erziehung / Peter Brehm. – 8., überarb. Aufl. – Berlin : Parey, 1998
(Dein Hund)
ISBN 3-8263-8425-3
NE: Brehm, Peter

Einbandgestaltung: Rudolf Hübler, Berlin, unter Verwendung einer Abbildung von Rolf Hinz, Wedel

Satz und Repro: Type-Design, Berlin
Druck und Bindung: Grafos S.A., Arte sobre papel, Barcelona

Gedruckt auf chlorfrei gebleichtem Papier

Printed in Spain • ISBN 3-8263-8425-3

Vorwort

„Noch ein Buch über den Deutschen Schäferhund?“

Hundebücher gibt es in großer Zahl. Auch über den Deutschen Schäferhund ist schon viel geschrieben worden. Trotzdem fällt es dem Hundefreund oft schwer, sich leicht verständlich, dabei aber umfassend, zu informieren. Das eine Buch ist zu dick, das andere zu dünn. Eines ist zu allgemein und will jedem etwas bringen, ein zweites ist so speziell, daß es nur für Fachleute verständlich ist.

In diesem Buch soll nun alles das behandelt werden, was gewissermaßen von der Wiege bis zur Bahre für ein Hundeleben und für das Leben mit dem Hund praktische Bedeutung hat. Wissenschaftliche Grundlagen und kynologische Spezialitäten werden nur so weit berücksichtigt, wie sie zum Verständnis erforderlich sind. Sachliche Information und praktische Ratschläge sollen die Kenntnisse vermitteln, die jeder Hundehalter alltäglich braucht.

Der Deutsche Schäferhund stellt als Gebrauchshund besondere Anforderungen an seinen Besitzer und an seine Haltungsbedingungen. Nur wenn er rassegerecht gehalten wird, können Herr und Hund miteinander glücklich werden. Die nun vorliegende 8. Auflage ist von mir wiederum durchgesehen und auf den neuesten Stand gebracht worden.

Hamburg, im Sommer 1998
Dr. Peter Brehm

Die Innovation

Der Aktive Gesundheitsbeitrag

von Pedigree® PAL®

Pedigree® PAL® setzt neue Maßstäbe. Denn jetzt leistet bereits die Ernährung einen **aktiven Gesundheitsbeitrag!**
Die Innovation: Das neue **Pedigree® PAL®** mit aktivem Gesundheitsbeitrag.

Es unterstützt:

- **die natürlichen Abwehrkräfte des Hundes**
- **ausgezeichnete Bekömmlichkeit**
- **gesunde Haut und glänzendes Fell**

Durch:

- eine neuentwickelte Vitamin-Mineralstoffkombination
- speziell ausgewählte Ballaststoffe
- besonders wertvolle Öle

Das neue **Pedigree® PAL®** bietet besten Geschmack durch ausgesuchtes, leckeres Fleisch. Die einzigartige Wirkkombination unterstützt die Gesundheit und das Wohlbefinden Ihres Hundes. Das neue **Pedigree® PAL®** mit aktivem Gesundheitsbeitrag.

Mit unseren Tierärzten entwickelt, von erfolgreichen Züchtern empfohlen.

Inhalt

Das Image

„Alle Schäferhunde sind hinterlistig, nervös, unberechenbar und bissig, – ich gehe aus Angst immer auf die andere Straßenseite, wenn solch ein Wolf ankommt!“ –

„Der Deutsche Schäferhund ist von Natur aus so gutmütig, fromm und kinderlieb, so zuverlässig, treu und wachsam und darüber hinaus so schön, wie kein anderer Hund!“

Völlig gegensätzliche Vorurteile wie diese beherrschen das Charakterbild des Deutschen Schäferhundes in der Öffentlichkeit. Freunden und Gegnern fällt es nicht schwer, ihre Behauptungen durch Presseberichte zu unterstreichen. Beide übersehen dabei geflissentlich, daß sich Schreckensmeldungen und Erfolgsberichte die Waage halten. Sie mögen alle zutreffen. Trotzdem sind sie nicht geeignet, ein allgemeingültiges Image des Deutschen Schäferhundes zu bilden. Schwarzweißmalerei beschreibt immer Halbwahrheiten.

Wer das wahre Wesen des Deutschen Schäferhundes erfassen will, muß solche Berichte kritisch, aber unvoreingenommen prüfen. Meist wird sich zeigen, daß falsche Hundehaltung und Erziehung, daß Gleichgültigkeit oder Geltungssucht Ursache schwerwiegender Folgen sind.

Der aufmerksame Wächter mit seinem Schutzbefohlenen

Der Gebrauchshund

Das Ideal

Als Ahnherr vieler Deutscher Schäferhunde führt „Horand von Grafrath“ als Nummer 1 das Zuchtbuch an. Sein Besitzer, der Begründer der planmäßigen Zucht, Rittmeister Max v. Stephanitz, charakterisierte diesen Rüden so: „Horand von Grafrath SZ 1 wurde geradezu zum Schicksal der Schäferhundzucht; aber zu einem guten Schicksal, zu ihrem Glücksstern! Er bedeutete auch für die damaligen Luxusschwärmer des Wunschtraumes Erfüllung: Groß für die damalige Zeit, mit kräftigen Knochen, schönen Linien und edel geformtem Kopf, das Gebäude trocken und sehnig, der ganze Hund ein Nerv. Dementsprechend auch sein Wesen; wundervoll in seiner anschmiegenden Treue zum Herrn, allen anderen gegenüber eine rücksichtslose Herrennatur, ungebändigt

Kopfstudie eines Schäferhundes. Bronzerelief nach Franz Diller, Anfang des 20. Jahrhunderts

in seiner überschäumenden Lebensfülle. In der Jugend leider nicht erzogen, trotzdem in der Hand des Herrn gehorsam auf den leisesten Wink, aber, sich selbst überlassen, der tollste Unfugstifter, der wildeste Raufer und ein zügelloser Hetzer. Nie müßig, immer unterwegs, gutmütig zu harmlosen Menschen, aber kein Schmeichler; ein Kindernarr und – immer verliebt.

Seinem Beobachter ein dauernder Genuß, seinem Besitzer oft auch eine Quelle schweren Ärgers: Was hätte aus dem Hund werden können, wenn wir damals schon bewußte Abrichtung gehabt hätten? Seine Fehler waren Fehler der Erziehung, nicht seiner Anlage. Er litt an unterdrücktem, sagen wir besser, nicht ausgenutztem Tätigkeitstrieb; denn er war selig, wenn man sich mit ihm beschäftigte, war dann der lenksamste Hund!"

Besser als v. Stephanitz seinen Horand kann man den Deutschen Schäferhund auch heute noch kaum beschreiben. Die „Rassekennzeichen" des 1899 durch v. Stephanitz gegründeten und heute noch maßgebenden Zuchtvereins, des Vereins für Deutsche Schäferhunde (SV), charakterisieren den Deutschen Schäferhund in ähnlicher Weise: „Bei überschäumendem Temperament muß der Deutsche Schäferhund führig sein, sich jeder Situation anpassen und die ihm zugedachten Ar-

Rittmeister Max von Stephanitz

beiten willig und mit Freude ausführen. Er muß Mut und Härte zeigen, wenn es gilt, seinen Führer oder dessen Hab und Gut zu verteidigen. Er muß auch freudig angreifen, wenn sein Führer dies wünscht, muß aber ansonsten ein wohl aufmerksamer, jedoch ein angenehmer Hausgenosse sein, fromm zu seiner vertrauten Umgebung, vor allem zu Kindern und zu Tieren, und unbefangen im Verkehr mit anderen Menschen; alles in allem ein harmonisches Bild natürlichen Adels und Achtung einflößender Selbstsicherheit ... Nervenfestigkeit, Aufmerksamkeit, Unbefangenheit, Wachsamkeit, Treue und Unbestechlichkeit sowie Mut, Kampftrieb und Schärfe sind die hervorstechendsten Eigenschaften eines reingezüchteten Deutschen Schäferhundes. Sie machen ihn in vorzüglicher Weise zum Gebrauchshund im allgemeinen, insbesondere zum Wach-, Begleit-, Schutz- und Hütehund geeignet."

Diese Eigenschaften wurden in über neunzigjähriger Zucht planmäßig gefördert und gefestigt. Die Bemühungen waren von einem beispiellosen Erfolg gekrönt: In aller Welt wird der Deutsche Schäferhund heute als Polizei- und Militärdiensthund eingesetzt. Man schätzt, daß etwa 97 % aller Diensthunde dieser Rasse angehören; diese Zahl spricht für sich. In der Bundesrepublik Deutschland versehen etwa 10 000 Hunde ihren Dienst in Verwaltungen und Sicherheitsorganen. Davon sind etwa 98 % Deutsche Schäferhunde.

Die Profis

Bereits 1896 wurden in Hildesheim die ersten Hunde in den Polizeidienst übernommen. Inzwischen hat sich vieles gewandelt. Der Polizeihund aber blieb unersetzlich.

Kenner halten ihn neben dem Funksprechgerät für eines der wichtigsten und vielseitigsten polizeilichen Einsatzmittel. Deshalb unterhält die Polizei in allen Bundesländern Diensthundeführer-Schulen und -Abteilungen.

Bei der Auswahl der Hunde sind weniger die Schönheit als vielmehr

Donar von Overstolzen, Deutscher Zuchtsieger 1924

Der Deutsche Schäferhund – unersetzlicher Helfer der Polizei

Gesundheit und Charaktereigenschaften entscheidend.

Die Hunde werden von erfahrenen Hundeführern ausgebildet und im Streifendienst und bei Spezialeinsätzen eingesetzt.

Dabei sollen sie nicht nur Beamte und Bürger gegen Überfälle schützen, sondern auch die Spur von Dieben aufnehmen und Vermißte suchen. „Spezialisten“ werden zur Suche nach Leichen, nach Sprengstoff oder nach Rauschgift ausgebildet. In allen Bereichen kann die Polizei eine stattliche Erfolgsstatistik vorweisen.

Einen guten Riecher müssen auch viele Zollhunde haben, die nach einer Spezialausbildung nach Rauschgift und anderer duftender Schmuggelware schnüffeln und dabei jährlich helfen, Waren im Wert von mehreren Millionen Mark sicherzustellen. Der Zoll setzt über 1200 Hunde ein, von denen 95 % Deutsche Schäferhunde sind. Sie sparen erheblich Personal und entlasten damit den Bundeshaushalt, denn der Hundeführer kann seinen Nachtdienst als „Einzelstreife“ verrichten.

Selbst die hochtechnisierte Bundeswehr kann auf Diensthunde nicht verzichten und unterhält in Koblenz eine Hundeschule. Zahlreiche Deutsche Schäferhunde mußten in den 1. und 2. Weltkrieg ziehen. Als Meldehunde hatten sie wichtige Nachrichten zu überbringen, wenn das Feldtelefon ausfiel. Als Sanitätshunde konnten sie vielen Soldaten helfen. Als Minensuchhunde mußten viele ihr Leben einsetzen. Die etwa 1300 Diensthunde der Bundeswehr haben heute zum Glück nur Kasernen und Gerät zu bewachen.

Freund und Helfer

Suchen und Helfen ist auch die Aufgabe von Lawinensuchhunden. Die Bergwacht setzt in den bayerischen Alpen über 40 Hunde ein, die sich im Besitz freiwilliger Helfer befinden. Überwiegend handelt es sich um Deutsche Schäferhunde. Sie haben in Deutschland den Bernhardiner weitgehend von seiner angestammten Aufgabe verdrängt, weil sie unter den schwierigen Geländeverhältnissen im Schnee besser vorankommen.

Voller Dankbarkeit bezeichnen viele Blinde ihren Deutschen Schäferhund als „ihre zweiten Augen". Für den Laien ist es immer wieder erstaunlich, die Harmonie zwischen dem Blinden und seinem Führhund zu sehen. Sie ist das Ergebnis einer langen, harten Spezialausbildung.

Erst wenn der Hund gelernt hat, mit gleichmäßig leichtem Zug im Geschirr zu gehen, Hindernisse zu umgehen und vor Bordsteinen, Türen und Treppen stehenzubleiben. gelangt er in die Hand seines neuen Herren. Unter Anleitung des Ausbilders lernt er in einem „Aufbaukursus" sein neues Zuhause, dessen Umgebung und die wichtigsten Wege kennen. Erst dann kann er seinen Herrn durch Straßengewühl und in öffentlichen Verkehrsmitteln zum Arbeitsplatz oder auf Spaziergängen leiten.

Nur noch 400 bis 800 Deutsche Schäferhunde üben ihren ursprünglichen Beruf als Hüter der Schafherden aus. Der Bedarf an Hütehunden geht seit Jahrzehnten in gleichem Maße zurück wie die Schafbestände.

Freund und Helfer ist der Deutsche Schäferhund auch seinen zahlreichen Liebhabern in aller Welt. Seit Jahrzehnten rangiert er in Deutschland ganz oben in der Beliebtheitsskala der Hunderassen. In der Bundesrepublik werden etwa vier Millionen Hunde gehalten. Über eine halbe Million wird statistisch als „Schäferhund" geführt. Nicht jeder dieser Vierbeiner mit einigermaßen stehenden Ohren ist jedoch ein rassereiner Deutscher Schäferhund. Davon gibt es „nur" 250 000 bis 300 000. Viele von ihnen haben neben- oder hauptberuflich Haus und Hof zu schützen. Andere werden „nur" als „Begleithunde" gehalten.

Lawinensuchgruppe

Viele Liebhaber bilden ihre Hunde zu Gebrauchshunden aus.

Die Leistungen dieser „Sporthunde“ stehen denen der „Profis“ kaum nach, wenn man bedenkt, daß sie viel seltener Gelegenheit zu ernstlichen Bewährungsproben haben. Immerhin kann der SV jährlich oft fünfzig oder mehr Mitgliedern als Anerkennung für einen behördlich verbürgten, erfolgreichen Ernstfall-Einsatz ihrer Hunde eine Plakette verleihen.

Die Hälfte der so Geehrten führte keine Amts- oder Dienstbezeichnung vor dem Namen. Auch in Liebhaberhand kann und sollte also der Deutsche Schäferhund ein Gebrauchshund sein.

Der wahre Charakter

Angesichts der Weltgeltung des Deutschen Schäferhundes als Gebrauchshund und angesichts des erfolgreichen Einsatzes als Diensthund kann niemand ernstlich behaupten, „der Deutsche Schäferhund“ entspräche nicht seinem eingangs zitierten Rasse-Ideal.

Daran ändert auch die Tatsache nichts, daß Schäferhunde überproportional oft in Bißvorfälle verwickelt sind. Von etwa tausend Hunden, die ich deswegen in den letzten Jahren zu begutachten hatte, waren über 40 % Schäferhunde. Rasselose und rassereine Vertreter saßen dabei in etwa gleicher Anzahl auf der „Anklage-

Dem Fernsehpublikum bestens bekannt: Schäferhund „Kommissar Rex" alias Reginald von Ravenhorst, hier mit seinem Filmpartner Tobias Moretti

bank". Mir ist aber nur ein einziger Diensthund begegnet, der ohne „berechtigten" Grund Personen gebissen hat. Das zeigt, daß die traurigen Verhältnisse weniger in den Rasseeigenschaften des Deutschen Schäferhundes als vielmehr in Haltungsfehlern begründet sind, die meist auf den kurzen Nenner gebracht werden können: „Müßiggang ist aller Laster Anfang!"

Selbstverständlich gibt es auch bei Deutschen Schäferhunden, wie bei jeder Rasse, ängstliche, nervöse oder unleidliche Vertreter. Sie allein würden das Image des Deutschen Schäferhundes nur durchschnittlich belasten, wenn die Zahl der Übeltäter nicht durch Hunde erhöht würde, die ihrer natürlichen Anlage nach eigentlich „Durchschnitt und besser" wären. Bei diesen Hunden haben Haltungsfehler besonders schwerwiegende Folgen. Der Deutsche Schäferhund ist von Natur aus lebhaft und immer aktiv. Er verkümmert, wenn er nur hinter dem Ofen liegen muß. Schon das Beispiel des Stammvaters zeigt, daß Beschäftigung und Bewegung für den Deutschen Schäferhund unerläßlich sind. Wenn seine Aktivitäten nicht in die richtigen Bahnen gelenkt werden, neigt er dazu, zum unkontrollierbaren Raufer zu werden. Richtig behandelt, beschäftigt und ausgelastet ist er jedoch charakterfest, ausgeglichen im Wesen und leicht lenkbar.

Haltungsanforderungen

Das Haustier

Der Halter eines Deutschen Schäferhundes muß also prüfen, ob er die unerläßlichen Voraussetzungen für die rassegerechte Haltung eines Deutschen Schäferhundes schaffen kann. Zunächst sollte er sich vor Augen führen, daß auch der Deutsche Schäferhund ein Haus-Tier ist. Er braucht den ständigen Kontakt zum Menschen. Dazu muß er im Haus, in der Wohnung gehalten werden. Das ist im Prinzip auch in einer Etagenwohnung möglich. Entscheidend ist in jedem Fall, daß dem Hund genügend Bewegung verschafft wird. Das mag in der Großstadt zwar schwierig sein, ist jedoch kein unüberwindliches Hindernis. Auch der Grundstücksbesitzer kann den Hund auf dem Grundstück nicht sich selbst überlassen. Er könnte sich nicht genügend austoben. Der Landbewohner kann und darf nicht die Gartenpforte öffnen und den Hund in Wald und Flur herumstreunen lassen.

Ganz bedeutungslos ist die Platzfrage natürlich nicht. In einem eigenen Haus mit Garten oder Hof ist es zweifellos einfacher, einen großen Hund zu halten. Wenn der Hund vom Ausgang naß und schmutzig zurückkommt, wird zum Trocknen und Aufwärmen eher ein trockner und warmer Nebenraum zur Verfügung stehen als in einer Etagenwohnung. Auf einem eigenen Grundstück kann der Hund auch einmal allein frische Luft schnappen.

Eindringlich sei jedoch davor gewarnt, aus Bequemlichkeit den Ziergarten zur Hundetoilette umzufunktionieren. Die Haufen sind noch das geringere Übel, sie lassen sich vergraben oder dienen als Bereicherung des Kompostes. Gefährlicher ist der Harn. Rüde und Hündin stehen sich dabei in nichts nach. „Er“ hebt das Bein immer am gleichen Strauch, „sie“ hockt sich auf dem Rasen stets an ihrer Lieblingsstelle nieder. Für die Pflanzen wirkt der scharfe Urin wie Gift. Die Sträucher gehen ein, im Rasen bilden sich Kahlstellen.

In der Wohnung wird dem Hund ein fester Platz zugewiesen. Hier muß ihm auf jeden Fall eine wärmedämmende Liegefläche zur Verfügung stehen. Im Prinzip genügt auf dem Parkettboden ein Teppich. Es kann aber auch eine zusammengelegte Wolldecke sein, die sich leichter und billiger reinigen läßt. Auf Steinfußböden muß man etwas mehr investieren. Die Wolldecke wird auf einer

Holzpritsche ausgebreitet. Sonst würde der Hund sich allzuleicht die Blase erkälten oder Rheuma holen.

Es gibt auch spezielle Hunde-Liegedecken mit eingearbeitetem Vollwärmeschutz. Die Anzeigenteile von Hunde-Zeitschriften mögen als Bezugsquellenhinweise dienen.

Befindet sich die Schlafstelle des Hundes im Flur, muß erforderlichenfalls die Wohnungstür abgedichtet werden, um Zugluft zu vermeiden. Wenn sich die Familie im Wohnzimmer versammelt, möchte (und soll) der Hund gern in ihrer Mitte sein. Zu diesem Zweck wird ihm hier ein zusätzlicher Platz mit Decke reserviert, jedoch nicht an der Heizung und nicht unter dem Fernseher oder vor den Lautsprechern der Stereoanlage.

Der Zwingerhund

Entgegen landläufiger Ansicht kann ein Deutscher Schäferhund nicht ausschließlich im Zwinger gehalten werden. Damit soll der Wert eines Zwingers keinesfalls bestritten werden. Er dient der Abhärtung und damit der körperlichen Gesundheit unseres Hundes ebenso wie der Familienanschluß seinem seelischen Gleichgewicht. Außerdem ist der Hund hier gut aufgehoben, wenn in der Wohnung einmal kein Platz ist oder Frauchen Einkäufe zu machen hat. Grundsätzlich muß man sich entscheiden, ob der Hund nur gelegentlich und relativ kurzfristig im Zwinger verwahrt oder ob er dort überwiegend gehalten werden soll. In diesem Fall ist die Zwingerhaltung konsequent beizubehalten. Es wäre falsches Mitleid, den abgehärteten Zwingerhund in der geheizten Wohnung übernachten zu lassen, wenn es einmal „Stein und Bein" friert. Dieser Hund wird sich in seinem Zwinger viel wohler fühlen und von sich aus nach draußen drängen, wenn das erforderliche Maß an Familienleben für ihn voll ist. (Daß er neben Spiel und Ausgang auch noch ein Stündchen in der Wohnung verbringt, versteht sich inzwischen von selbst.)

Voraussetzung für eine gesunde Zwingerhaltung ist natürlich eine sachgerechte Einrichtung. Sie sollte über die gesetzlichen Mindestforderungen (s. S. 67) möglichst deutlich hinausgehen.

Zwingeranlagen und Hundehütten in guter Ausführung kann man heute auch von der Stange kaufen. Interessenten sehen sich die Anzeigen in Hunde-Zeitschriften an. Die Kataloge und Baubeschreibungen werden auch dem Heimwerker manchen wertvollen Tip geben.

Der Laufhund

Optimal ist also eine Zwingerhaltung mit Familienanschluß im Einzelhaus auf dem Lande. Eine rassegerechte

Kraftvoll und unternehmungslustig

Haltung ist bei erhöhtem Aufwand im Prinzip aber auch in der Etagenwohnung in der Stadt möglich. Zu Buche schlägt dabei insbesondere die Zeit, die für die Bewegung des Hundes aufgebracht werden muß. Denn Park, Wanderweg oder Übungsplatz werden nicht immer schnell erreichbar sein. Am Stadtrand oder im Dorf liegt dagegen die Auslaufmöglichkeit direkt vor der Haustür. Wie dem auch sei, auf Auslauf und Bewegung kann der Deutsche Schäferhund nie verzichten; sie bewahren ihn nicht nur vor körperlichem Verfall, sondern sind auch die einzige Medizin gegen Neurosen.

Ein Spaziergang an der Leine ist schön und gut, dient der Erziehung und verschafft auch dem Besitzer etwas Bewegung. Er genügt aber weder für den jungen noch für den älteren Schäferhund. Welpe und Junghund müssen sich überwiegend im Spiel mit Herrchen und mit anderen Hunden austoben.

Wenn der Hund neun bis zehn Monate alt ist, wird der wichtigste Schäferhund-Zubehörartikel zu Hilfe genommen: das Fahrrad. Der Hund wird daran gewöhnt, rechts neben dem Fahrrad zu traben. Die Geschwindgkeit richtet sich nach dem Hund, nur wenn er galoppieren will, wird dem durch Bremsen Einhalt geboten. Die Zeit der Fahrradausflüge wird langsam gesteigert. Der erwachsene Hund soll mindestens eine halbe, besser eine Stunde täglich traben. So kann mit Hilfe des Fahrrades der Bewegungsdrang unseres Schäferhundes befriedigt werden. Der einseitige Bewegungsablauf trainiert aber nicht alle Muskelpartien gleichmäßig. Daher muß der Hund darüber hinaus auch freien Auslauf haben, im Spiel herumtollen oder auf dem Übungsplatz laufen und springen.

Der Hundehalter

Mit den Fahrradausflügen sind wir schon bei der letzten, aber nicht unwichtigsten Voraussetzung für die Haltung eines Deutschen Schäferhundes: beim Hundehalter selbst. Die erste Anforderung an ihn lautet: **Zeit haben.** Täglich wird man zwei bis drei Stunden für den Hund aufzuwenden haben, denn zu Spaziergang, Ausflug, Spiel und Sport gesellt sich der Zeitaufwand für Fütterung, Pflege und Reinigung, von Behördenwegen und Tierarztbesuchen ganz zu schweigen.

Wenn der Hausherr einen Deutschen Schäferhund anschaffen möchte, muß die Dame des Hauses einverstanden sein. Ein gut Teil der Arbeit wird auf ihren Schultern lasten. Der Vollständigkeit halber ist auch an den Geldbeutel zu denken. Mit dem Kaufpreis für den Hund und der Einrichtung eines Zwingers wird es nicht getan sein. Futter,

Bewegung als Lebenselixier: Solche Hindernisse schafft er spielend

Steuer, Haftpflicht, Tierarzt, vielleicht auch Vereinsbeiträge, werden laufende Kosten verursachen.

Man muß also diese Rasse wirklich lieben, um allen Aufwand gern und ohne Murren auf sich zu nehmen. Wer sich einen Deutschen Schäferhund nur als billigen und willigen Wächter auf den Hof holt, wird von vornherein nicht genügend Zeit und Mühe aufbringen. Das Interesse wird auch schnell nachlassen, wenn der Hund nur aus Renommiersucht oder als modischer Begleiter angeschafft wurde. Vermutlich wird der Besitzer nicht einmal bemerken, daß seinem Hund etwas fehlt, dafür aber um so heftiger dessen angeblich schlechten Charakter tadeln, wenn sich der Hund zum Schrecken der Nachbarschaft entwickelt hat. Fehl am Platze ist der Deutsche Schäferhund auch als Instrument zur Wiederherstellung eines gestörten Selbstbewußtseins. Das Ergebnis ist vorhersehbar: Herr bleibt – Hund wird neurotisch.

Der wohlerzogene Schäferhund ist zwar ausgesprochen kinderlieb, er eignet sich aber nicht als Kinderspielzeug. Wer seine Kinder zur Verantwortung für ein Tier erziehen möchte, schenke ihnen zunächst einmal einen Wellensittich oder ein Meerschweinchen. Erziehung, Haltung und Pflege eines starken, lebhaften, individuell veranlagten Schäferhundes müssen den Eltern vorbehalten bleiben. Kinder sind nicht in der Lage, ausreichend und angemessen auf den Hund einzuwirken. Welch schlimme Folgen das haben kann, zeigt so manche Schreckensmeldung.

Der Hund wird nicht nur eitel Sonnenschein verbreiten, sondern gelegentlich auch Ärger verursachen. Vielleicht nagt er den neuen Teppich an oder jagt Nachbars Hühner, vielleicht ist es nur das sprichwörtliche (Hunde-)Haar in der (Sonntags-) Suppe, das den Besitzer „auf die Palme" bringt. In jedem Falle muß er Ruhe bewahren, Ursache und Wirkung ergründen und erst dann angemessen reagieren. Ist der Besitzer selbst nervös, wird schließlich auch sein Hund zum nervösen Angstbeißer, der nicht nur für andere Hunde und für Mitmenschen, sondern auch für den Hundehalter selbst gefährlich wird. Nur wer selbst ruhig bleibt, kann seinen Schäferhund zu einem wesensfesten Begleiter erziehen. Vor allem darf ein Besitzer nie Angst vor seinem eigenen Hund haben, sondern muß stets dessen Führer bleiben.

Hundekauf

Die Würfel sind gefallen: Ein Deutscher Schäferhund soll ins Haus. Der Liebhaber steht nun vor vielen Fragen, denn er möchte für sein gutes Geld einen gesunden, rassetypischen und wesensfesten Hausgenossen erwerben.

Jungtier oder „Erwachsener"?

Anfänger befürchten, bei der Aufzucht des Hundes Fehler zu begehen. Sie ziehen es deshalb häufig vor, einen erwachsenen Hund zu kaufen. Diese Entscheidung erweist sich leicht als nicht glücklich.

Das Verhältnis des Hundes zu seinem Herrn wird besonders stark und individuell während der Jugend ausgeprägt. Darauf soll die Erziehung des Hundes ausgerichtet werden.

Die besonders innige Verbundenheit zwischen Herrn und Hund wird manchen Fehler wettmachen, der trotz eifrigen Bücherstudiums und trotz guter Ratschläge von erfahrenen Hundehaltern sicherlich begangen wird. Vor allem aber wird die Freude an der Entwicklung des Hundes das Verständnis und die Liebe fördern und alle Mühen aufwiegen, die mit der Aufzucht verbunden sind.

Der Entschluß, einen erwachsenen Hund ins Haus zu nehmen, setzt ein gewisses Maß an Erfahrung voraus, ohne die es schwerlich gelingt, das Vertrauen eines Hundes zu erwerben und von ihm als Herr anerkannt zu werden. Häufig muß man Fehler ausbügeln, die der oder die Vorbesitzer bei der Erziehung gemacht haben. Das ist nicht immer ganz einfach.

Der „Anfänger" sollte deswegen einen erwachsenen Hund – wenn überhaupt – nur dann kaufen, wenn er den Vorbesitzer kennt, vertrauenswürdige Angaben über die Charaktereigenschaften des Hundes erhält oder sich beim Kauf des Rates erfahrener Hundefachleute bedienen kann. Der „Fortgeschrittene" dagegen kann es wagen, einen erwachsenen Hund zu erwerben. Er wird ihm vom ersten Tage an mit dem erforderlichen Einfühlungsvermögen zeigen, wer Herr im Haus ist. Er wird Wesensmängel und Erziehungsfehler erkennen und korrigieren, so daß der Hund ohne größere Schwierigkeiten in die Hausgemeinschaft integriert werden kann.

Jung und alt

Rüde oder Hündin?

Erwägt man, später einmal selbst zu züchten, so beantwortet sich diese Frage von selbst. Bis dahin ist es aber ein weiter Weg, und der Anfänger wird sich in der Regel nicht vor diese Entscheidung gestellt sehen. Er braucht sich nicht von der irrigen Vorstellung leiten zu lassen, mit einer Hündin müsse man unbedingt züchten; es schadet ihrer Gesundheit nicht, wenn sie niemals Welpen bekommt.

Ebenfalls ein Ammenmärchen ist die Behauptung, daß ein Rüde sich mehr zu Frauchen und eine Hündin mehr zu Herrchen hingezogen fühlt. Die innigste Verbindung besteht zu dem, der sich am meisten mit dem Hund beschäftigt, ihm Auslauf und Bewegung verschafft und die Richtlinien seines Hundelebens bestimmt. Das ist bei Rüden und Hündinnen gleich. Die Hündin ist allerdings leichter lenkbar als der Rüde, dem die Natur ja die Rolle des Leittieres zugedacht hat. Er ist auch größer und kräftiger als „sein Weib“ und daher körperlich schwerer zu beherrschen.

Als Manko für die Hündin wird meist die **Läufigkeit** empfunden, die im Frühjahr und im Herbst jeweils etwa drei Wochen lang besondere Sorgfalt und Nervenkraft erfordert. Die Hündin möchte ihrem Instinkt folgen und fortlaufen. Sie muß daher behütet und eingesperrt werden und darf nur an der Leine ausgeführt werden. Dabei ist die häusliche Umgebung im Eiltempo zu verlassen, damit die Hündin nicht hier ihre verlockende Duftmarke absetzt. Das wird jedoch nicht immer zu vermeiden sein, so daß sich möglicherweise bald ein Belagerungsring von beinhebenden und heulenden Rüden um das Haus aufbaut. Dufthemmende Mittel, unter die Rute geschmiert, können meistens den Ruf der Natur nur dämpfen, aber nicht verstummen lassen. Auf Spaziergängen müssen besonders zudringliche Freier notfalls mit einem vorsichtshalber bereitgehaltenen Stock vertrieben werden.

Also muß ein Rüde her? Vorsicht! Er folgt den gleichen Naturgesetzen. Nur mit einem Unterschied: Er ist immer verliebt, wie schon sein Ahnherr. Auf der Suche nach dem schönen Geschlecht ist er weniger häuslich, was zu der Annahme führt, er sei nicht so anhänglich wie die Hündin. Das allerdings stimmt nun auch wieder nicht: Seine Anhänglichkeit zum Menschen ist nur anders, aber nicht weniger innig. Sie kann als selbstbewußte Ergebenheit charakterisiert werden, während die Hündin mehr mitfühlende Einordnung erkennen läßt.

Gegen die „Läufigkeit“ des Rüden ist kein Kraut gewachsen (kastriert wäre er kein Rüde mehr). Dagegen kann die Hitze der Hündin mit einer „Antibabyspritze“ um etwa vier Monate verschoben, bei dreimal jährlicher Anwendung also praktisch ausgeschaltet werden. Die Injektion muß spätestens drei Wochen vor der erwarteten Hitze erfolgen. Die meisten Hündinnen vertragen diese Spritzen ohne nachteilige Nebenwirkungen.

Als ultima ratio kann zur Verhinderung unerwünschten Nachwuchses die Kastration der Hündin erwogen werden. Dadurch wird auch das Erkrankungsrisiko der Geschlechtsorgane verringert. Die Hündin kann sich aber auch im Wesen verändern und zu Fettansatz neigen! „Schlimmstenfalls“ kann ein Fehltritt durch Hormoninjektion am vierten bis neunten Tag „danach“ sicher aus der Welt geschafft werden. Die Läufigkeit wird allerdings künstlich verlängert. Leider wird gelegentlich die Gebärmutterschleimhaut durch diese Hormoninjektion geschädigt; das kommt bei den heute verwendeten Präparaten aber seltener als früher vor.

Doch nicht nur die Hündin schafft durch ihre Läufigkeit Probleme. Rüden leiden häufiger an einer chronischen Entzündung der Vorhaut. Die ständig austretenden Eitertropfen sind ein hygienisches Ärgernis, das nur durch sorgfältige und bisweilen langwierige Behandlung aus der Welt zu schaffen ist.

Rüde und Hündin sind also gleichwertig. Von der eigenen Entscheidung des einzelnen wird es abhängen, ob er die geschilderten Eigenschaften als Vor- oder Nachteile empfindet. Gleichgültig, wie er sich dabei entscheidet, steht er angesichts einer Meute von Welpen vor der Frage:

Welchen Welpen soll ich nehmen?

Sein Augenmerk wird sich verständlicherweise zunächst auf Größe und Farbe richten. Diese Betrachtungsweise sollte er schnell vergessen. Aus dem Äußeren des Welpen kann der Laie kaum auf den erwachsenen Hund schließen. Das Wachstum verläuft schubweise. Mal wird der Hund vorne größer, mal schießt das Hinterteil in die Höhe. Daran ändern auch die beste Pflege und Ernährung wenig. Schon häufig wurde aus einem „häßlichen Entlein" ein „stolzer Schwan". Schließlich wird weniger die Schönheit als vielmehr das Wesen des Hundes entscheidend für ein glückliches Miteinander werden.

Der Charakter wird weitgehend von den Umweltbedingungen und der Aufzucht geformt. Dabei kann man Wesensfehler nur begrenzt ausgleichen. Vorhandene gute Anlagen dagegen lassen sich leichter fördern. Wenn man die Wurfgeschwister im

Knabbern – für Welpen eine ihrer Lieblingsbeschäftigungen

Spiel und beim Fressen, im Zwinger und davor beobachtet, kann man bald träge und lebhafte, ängstliche und selbstbewußte unterscheiden. Letztere zieht man in die engere Wahl. Nun kommt es darauf an, was man später mit seinem Schäferhund im Sinn hat.

Möchte man einen zuverlässigen, wachsamen, leichter lenkbaren Hausgenossen und Begleiter, so gebe man dem ruhigeren Welpen den Vorzug, der vertrauensvoll, aber nicht demütig seinem „Zukünftigen" Sympathie entgegenbringt. Will man jedoch nach sportlichem Lorbeer greifen, kommt eher der temperamentvollere Hund in Frage, der dem fremden Besucher frisch, frei und forsch entgegentritt, vielleicht aber auch stolz einen gewissen Abstand hält. Diese Eigenarten der Welpen lassen am ehesten die gewünschten hervorragenden Wesensmerkmale erwarten.

Händler oder Züchter?

Verständlicherweise wird sich der noch nicht sachkundige Interessent zuerst einmal im Anzeigenteil seiner Tageszeitung informieren. Er sei eindringlich gewarnt, denn nicht alles, „was er schwarz auf weiß besitzt, kann er getrost nach Hause tragen!" Hinter der Angabe „Direkt vom Züchter" verbirgt sich häufig ein gewerblicher Hundehändler. Vorsicht ist geboten, wenn ein „Hundezwinger" verschiedene Rassen anbietet.

Sicherlich ist nicht jeder Hundehändler auf Betrug aus, sondern kauft, hält und verkauft seine Hunde nach bestem Wissen und Gewissen. Die meisten der hier feilgehaltenen Welpen stammen jedoch nicht aus Liebhaberzuchten, sondern von gewerbsmäßigen „Züchtern", die teilweise Hunde verschiedener Rassen halten. Da meistens zahlreiche Hündinnen den Geschäften des Besitzers nachzugehen haben, fehlt die Zeit für eine individuelle Betreuung der Hunde. Damit die Hündin ausgelastet ist, wird sie bei jeder Hitze belegt. Die Bezeichnung Hundefabrik ist hierfür nicht fehl am Platze. Die so produzierten Welpen werden zum Teil über Großhändler abgegeben, zum Teil stammen die im Handel feilgebotenen Hunde aber auch aus Importen.

Den ärmlichen Aufzuchtverhältnissen entspricht oft der Gesundheitszustand: Mager, verwurmt, voller Parasiten und nicht oder nur unzureichend geimpft, haben diese Hunde wenig Widerstandskraft gegen Krankheiten. So werden sie auf die lange Reise zum Händler geschickt. Hier müssen sie sich mit völlig veränderten Lebensverhältnissen abfinden, ehe sie in ihr neues Zuhause kommen und noch eine Umstellung ertragen müssen. All diese Belastungen sind Streßsituationen, denen die Welpen nicht gewachsen sind. Häufig kommt es zu Infektionskrankheiten, die nicht wiedergutzumachende Schäden anrichten.

Tierärzte und Tierschutzvereine können ein Lied von diesen bedauernswerten Hundekreaturen und den geschädigten Käufern singen.

Natürlich gibt es beim Händler auch einmal einen reaktionsstarken, wohlgenährten, gepflegten und kerngesunden Hund.

Mit ungleich größerer Wahrscheinlichkeit findet man einen solchen Rassevertreter aber beim passionierten Züchter. Er betreibt seine Hundezucht aus Liebhaberei und hält nur eine oder wenige Hündinnen „seiner Rasse". Bevor er den ersten Welpen verkaufen kann, hat er nicht nur eine Unmenge an Arbeit und Zeit, sondern auch viel Geld investiert. Die Zuchthündin wurde aufgezogen, mußte Prüfungen ablegen. Ausstellungen besuchen, angekört werden. Sorgfältig wurde ein Deckrüde ausgewählt, der zur Hündin paßt.

Eine lange Reise wurde unternommen. Der Deckrüdenbesitzer erhielt ein Deckgeld. Vor der Geburt bedurfte die Hündin besonderer Pflege und besonderer Kost. Für eine gesunde Unterbringung des Nachwuchses waren Investitionen erforderlich. Vielleicht entstanden auch Tierarztkosten. Als die Welpen von der Muttermilch nicht mehr satt wurden, erhielten sie eine gehaltvolle Welpennahrung, um gesund und widerstandsfähig aufzuwachsen. Schließlich sind die Welpen dem Züchter so sehr ans Herz gewachsen, daß er Interesse an ihrem weiteren Gedeihen zeigen, sich nach ihrer Entwicklung erkundigen und stets mit Rat und Tat bereitstehen wird.

Der Welpe soll also aus einer Liebhaberzucht stammen. Anschriften von Züchtern sind über den SV oder eine seiner Ortsgruppen zu erhalten. Den Züchter sollte man bereits aufsuchen, wenn die Welpen erst vier Wochen alt sind. Dabei verschafft man sich einen ersten Eindruck von den Verhältnissen. Man beobachtet insbesondere, ob Hündin und Welpen dem Züchter vertrauensvoll und freudig entgegenkommen. Damit zeigen sie dem Interessenten: „Hier liegen Sie richtig!"

Preiswert oder billig?

In Zeitungsanzeigen, wie den erwähnten, werden Schäferhundwelpen häufig „spottbillig" angeboten. Muß man tatsächlich noch mehr für einen Schäferhundwelpen ausgeben? Beim Züchter kostet ein geimpfter Welpe heute immerhin um die tausend Mark. Diese Frage sollte leicht zu beantworten sein: Der Händlerhund ernährt Produzenten, Groß- und Einzelhändler und trägt darüber hinaus häufig noch dazu bei, das Defizit der Bundesbahn zu verringern. Mir ist dagegen kein Liebhaberzüchter – gleich welcher Rasse – begegnet, der mit seiner Hundezucht Reichtümer angehäuft hätte. Nach einer schon vor Jahren angestellten eher zu zaghaften Kostenberechnung des SV setzt der Züchter etwa 2500 Mark zu, wenn er eine Hündin aufzieht und bis zum achten Lebensjahr mit ihr züchtet. Der Liebhaberzüchter treibt also einen erheblich höheren Aufwand, der sich natürlich in der Qualität des „Zuchtproduktes" niederschlägt.

Nur beim Liebhaberzüchter kann man sicher sein, daß die Welpen auch in den ersten Tagen und Wochen ihres Lebens unter gesunden, artgerechten Verhältnissen mit ausreichendem Kontakt zum Menschen aufgewachsen sind und keinen Schaden an Körper oder Seele genommen haben. Man muß also aller Voraussicht nach nicht schon nach wenigen Tagen mit einem todkranken Hund den Tierarzt aufsuchen. Das ist nicht nur eine Frage des Tierschutzes, sondern auch des Geldes, denn das Tierarzthonorar kann rasch die Kaufpreisdifferenz übersteigen.

Schließlich ist der Wert der „Ahnentafel" zu berücksichtigen. In Deutschland können sieben Geschäftstüchtige einen eingetragenen Verein gründen. Sie geben ihm einen wohlklingenden Namen, in dem das Wort „International" und der Hinweis auf die Mitgliedschaft auf einen im Ausland ansässigen Dachverband nicht fehlen. Es ist das gute Recht dieses vertrauenerweckend erscheinenden Klubs, die Abstammung der von seinen Mitgliedern produzierten Welpen durch ein Dokument zu garantieren.

Mögen diese Angaben zutreffen, über den Zuchtwert der angegebenen Vorfahren wird nichts ausgesagt. Mit dieser Ahnentafel seines „echten Schäferhundes" wird der inzwischen interessierte Hundebesitzer spätestens dann eine Enttäuschung erleben, wenn er eine der großen Ausstellungen des VDH (Verband für das Deutsche Hundewesen e. V.) besuchen möchte: Die Ahnentafel wird nicht anerkannt, sie ist also praktisch wertlos. Gültigkeit hat hier nur die vom VDH anerkannte Ahnentafel des Vereins für Deutsche Schäferhunde e. V., die Ihnen von einem seriösen Züchter beim oder bald nach dem Kauf des Hundes ausgehändigt wird. Darauf sollten Sie unbedingt bestehen!

Der Körperbau

Rassestandard – kurzgefaßt

Für jede Rasse haben die Züchter, vertreten durch ihre maßgeblichen Zuchtvereine, bestimmte Rassekennzeichen verbindlich festgelegt, die als „Standards“ bezeichnet werden. In den Rassekennzeichen des SV werden sowohl Wesens- und Charaktereigenschaften als auch der Körperbau beschrieben, der in der Fachsprache auch als „Gebäude“ bezeichnet wird. Der Fachmann und Züchter muß sich eingehend mit diesem Standard befassen. Er hat zu beurteilen, ob seine Zuchthunde dem Zuchtziel entsprechen.

Der interessierte Laie braucht solche folgenschweren Beurteilungen nicht abzugeben. Trotzdem sollte er die wichtigsten Rassemerkmale kennen, und zwar nicht, um an seinem Hund nach Fehlern zu suchen, sondern um als Freund des Deutschen Schäferhundes ein Grundwissen zu erlangen und mitreden zu können. Nicht als Beurteilungslehre, sondern als Grundinformation sind also die folgenden stichwortartigen Hinweise auf Rassemerkmale und Fehler zu verstehen:

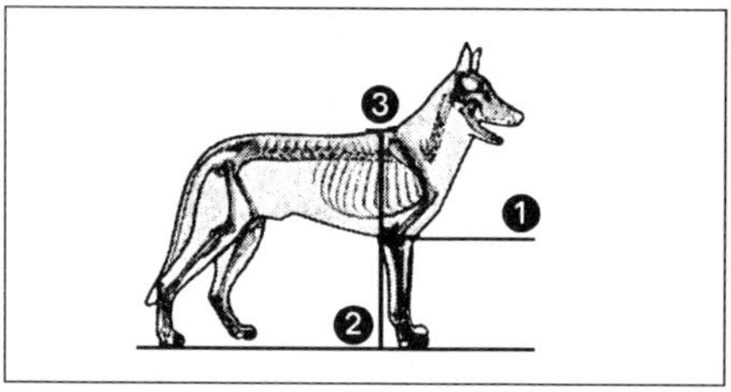

Größe: Etwas über mittelgroß, Rüde 60 bis 65 cm, Hündin 55 bis 60 cm, Widerristhöhe [„Stockmaß“, hinter dem Ellenbogen (1) bei angedrücktem Haar vom Erdboden (2) bis zum Widerrist (3) senkrecht gemessen].

Fehler: Unter- und Übergröße.

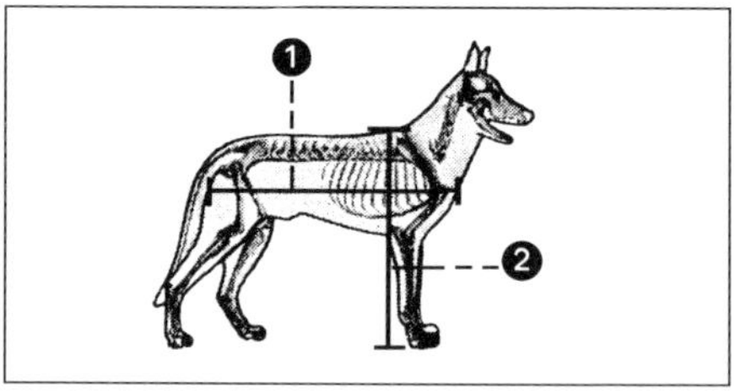

Größenverhältnisse: Leicht langgestreckt, Länge (1) zu Höhe (2) etwa 10:9.

Fehler: quadratisch, zu hoch, zu lang.

Winkelung: Stellung und Lagerung der Gliedmaßenknochen, insbeson-

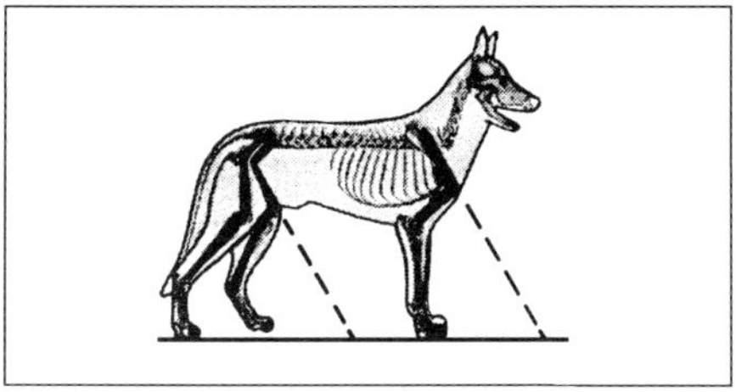

dere die im natürlichen Stand gebildeten Winkel zwischen Schulterblatt und Oberarm beziehungsweise zwischen Darmbein, Oberschenkel und Unterschenkel.

Gangwerk: Harmonischer, raumgreifender und ausdauernder Bewegungsablauf im Trab. **Fehler:** Zu steile Winkelung oder unproportionierte Knochenlänge, dadurch zu kurzer Schritt.

Kopf: Keilförmig, wenig gewölbte Stirn ohne ausgeprägte Mittelfurche, schräg verlaufender, nicht stark ausgeprägter Stirnabsatz, gerader Nasenrücken. **Fehler:** Starker „Stop" (Stirnabsatz), gewölbter Nasenrücken .

Fang: Kräftig, mit straffen Lippen. **Fehler:** Schlabberige Lefzen.

Gebiß: Kräftiges, vollständiges Gebiß, die Schneidezähne des Oberkiefers greifen scherenartig über diejenigen des Unterkiefers. **Fehler:** Zahnlücken, fehlerhafte Stellung der Schneidezähne (Zangengebiß, Über- oder Vorbeißer).

Ohren: Breit angesetzt, stehend getragen, in scharfer Spitze auslaufend, nach vorne gestellt. **Fehler:** Kipp- und Hängeohren.

Augen: Mandelförmig, etwas schrägliegend und nicht hervortretend. Farbe möglichst dunkel. **Fehler:** Helles „stechendes" Auge.

Hals: Er wird in einem Winkel von ca. 45° zur Horizontalen getragen, richtet sich in der Erregung stärker auf und senkt sich beim Traben.

Fehler: Lose Kehlhaut oder Wamme.

Brust: Unterbrust (1) tief, etwa bis zum Ellenbogenhöcker (2) reichend, ausgeprägte Vorderbrust (3). **Fehler:** Hühnerbrust.

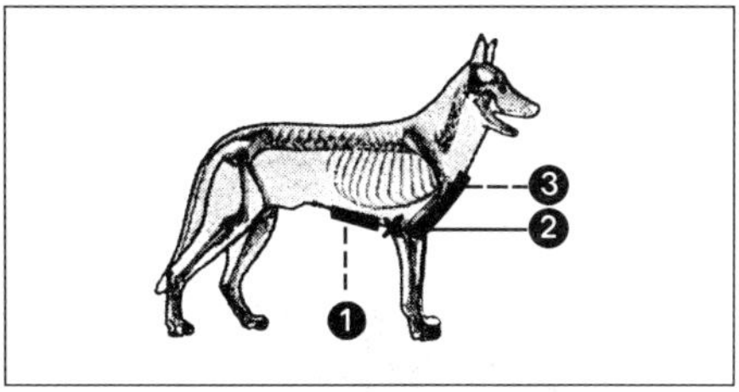

Bauch: Nur mäßig aufgezogen (harmonische Verlängerung der Unterbrustlinie). **Fehler:** Wespentaille.

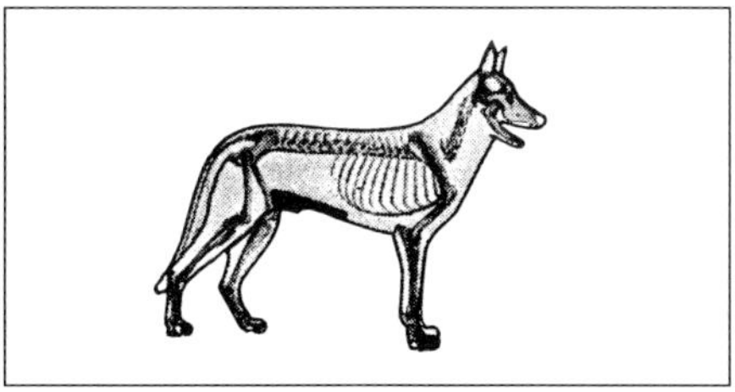

Rücken (1): Gerade, leicht abfallend, mit breiten Lenden (2), in eine lange und leicht abfallende Kruppe (3) auslaufend, **Fehler:** Karpfenrücken oder Senkrücken.

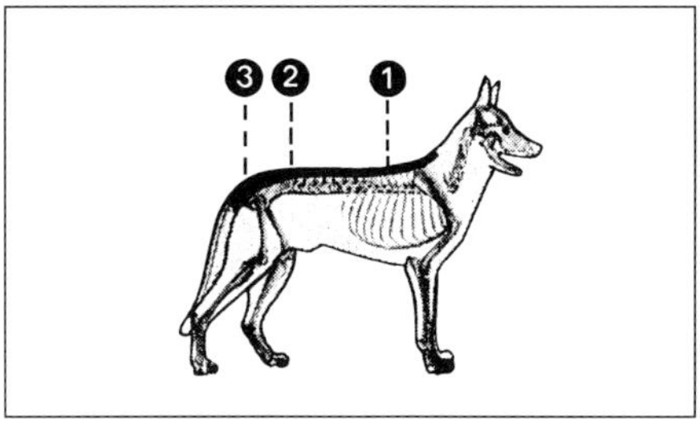

Rute: Buschig behaart, mindestens bis zum Sprunggelenk (1) reichend, in der Ruhe in sanftem Bogen herab-

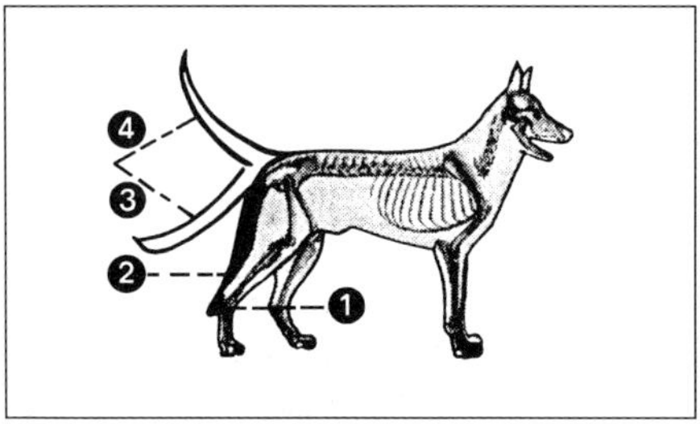

hängend (2), in Erregung und Bewegung gehoben, jedoch nicht über die Senkrechte hinausgehend (3/4).
Fehler: Ringel- oder Hakenrute, gerade oder geringelt über den Rücken gelegte Rute.
Gliedmaßen: Kräftig bemuskelt, gut gewinkelt (1), anliegender Ellenbogen (2), gerader Unterarm (3), feste, aber nicht steile Fessel (4), Ober- und Un-

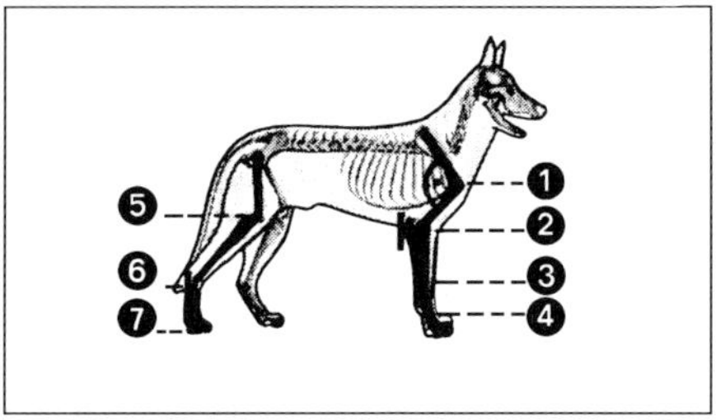

terschenkel (5) lang und gut gewinkelt, Sprunggelenk und Hintermittelfuß (6) kräftig und fest, Pfoten (7) rundlich mit harter Sohle und kurzen, kräftigen Krallen. **Fehler:** Fessel weich, X- und O-Beine, abstehender oder angedrückter Ellenbogen, Hasenpfoten.
Farbe: Kräftiges Pigment (ausgeprägte Färbung), meistens schwarz mit braunen, gelben oder weißgrauen Abzeichen, aber auch einfarbig. Grundfarbe auch Grau, zum Teil „Gewolkt" (schwarze Haarspitzen über grauem oder lichtbraunem Grund: Urfärbung des Wildhundes).
Fehler: Größere weiße Flecke, Pigmentmangel („Farbverblasser"), Albinos.
Haarkleid: „Stockhaar" – bestehend aus Deckhaar und Unterwolle (Grundhaar). Deckhaar gerade, harsch, festanliegend, dicht. Kopf, Vorderseite der Läufe und Pfoten kurz, Hals länger behaart. An den Hinterläufen leichte Hosenbildung.
Geschlechtsgepräge: Männlichkeit und Weiblichkeit sollen unverkennbar sein.

Gebrauchshund-eigenschaften

Der Begründer der Rasse, Rittmeister v. Stephanitz, war ein vorausschauender Mann. Praktisch auf dem Reißbrett hat er nach gründlichen Beobachtungen und Überlegungen einen Musterhund entworfen, dessen Gebäude im höchsten Maße körperliches Leistungsvermögen versprach. Dieser Idealtyp ist bis heute im Prinzip unverändert geblieben. Als fehlerhaft werden im Rassestandard an erster Stelle pauschal alle Mängel genannt, die Gebrauch, Ausdauer und Leistungsfähigkeit beeinflussen. Es würde im Rahmen dieses Buches zu weit führen, alle möglichen Fehler hinsichtlich der Gebrauchshundeigenschaften eingehender unter die Lupe zu nehmen, obgleich das für den Züchter unerläßlich ist. Von allgemeinerem Interesse sind dagegen Hinweise, welche körperlichen Rassemerkmale positiv für den Gebrauch und die Leistung sind und wie diese Eigenschaften aus tierärztlicher Sicht beurteilt werden.

Winkelung und Gangwerk des Deutschen Schäferhundes gestatten den größtmöglichen Schritt. Die Hinterbeine greifen dabei bis zur Körpermitte vor. Sie geben dem Körper

Vom Standard verlangt: der leicht abfallende Rücken mit den breiten Lenden

Schwung nach vorn, der durch den festen Rücken auf die Vordergliedmaßen übertragen wird. Mit den Vorderläufen, die – gut gewinkelt – ebenfalls weit ausgreifen, wird der Körper elastisch abgefangen und weitergeführt.

Der Schäferhund ist ein Traber.

Er bewegt also gleichzeitig die diagonal gegenüberliegenden Läufe. Durch diese Trittfolge bleibt der Rücken gerade und kann die Kraft voll weiterleiten. Beim Paßgang, der gleichsinnigen Bewegung beider Läufe derselben Körperseite (Kamelgangart), wird dagegen das Gleichgewicht laufend nach links und rechts verlagert: Der Rücken krümmt sich, so daß Kraft verlorengeht und die Wirbelgelenke und Bandscheiben übermäßig beansprucht und abgenutzt würden. Die geschlossenen kurzen Pfoten mit ihren kurzen kräftigen Krallen und der widerstandsfähigen Ballenhaut rollen in der Bewegung gut ab, geben dabei gleichzeitig festen Halt. Lange Knochen, breite Lenden und Keulen sowie die ausgeprägte Vorderbrust schaffen Ansatz und Raum für kräftige Muskeln, welche die erforderliche Kraft entfalten. In diesem Zusammenhang werden die gegensätzlichen Begriffe „schwammig“ und „trocken“ gebraucht. Erwünscht ist ein „trockener“ Körperbau: Gut ausgebildete Muskeln ohne überflüssiges Fett und loses Bindegewebe, so daß sich Muskeln und Gelenke klar abzeichnen. Letzte Voraussetzung für einen raumgreifenden, flüchtigen, kraftvollen und dabei ausdauernden Trab ist der gut gewölbte tiefe Brustkorb, der Platz für Herz und Lungen schafft.

Das Haarkleid des Deutschen Schäferhundes erfüllt in geradezu idealer Weise alle Anforderungen. Das glatte, dichte Deckhaar hält den Regen ab, die dichte weiche Unterwolle wärmt. Das macht den Schäferhund zum Allwetterhund, der es selbst dann noch in Wind und Wetter aushält, wenn man eigentlich keinen Hund mehr vor die Tür schickt. Bei Sonnenschein hält er es übrigens genausogut aus wie kurzhaarige Hunde, denen die Sonnenstrahlen ja fast bis auf die Haut gehen.

Die aufrecht stehenden Ohren verbessern das bei Hunden ohnehin hervorragend ausgebildete Gehör. Auch wir versuchen beim Lauschen die Ohrmuschel durch die Hand zu vergrößern. Der äußere Gehörgang des Schäferhundes wird durch die Ohrstellung gut belüftet. Er leidet daher sehr viel seltener unter Entzündungen („Ohrenzwang“) als Rassen mit Hängeohren. Keine Angst vor Regen, nur wenige Tropfen finden den Weg in den äußeren Gehörgang. Sie werden vom Hund ausgeschüttelt und verursachen keinerlei Schäden.

Die Augenlider liegen dem Augapfel gut an. Dadurch ist eine

Eine kräftige Erscheinung

Haarkleid, Ohren, Augen und Gebiß – optimale anatomische Voraussetzungen für Gesundheit und Gebrauchstauglichkeit

optimale Selbstreinigung durch die Tränenflüssigkeit sichergestellt. Bindehautentzündungen sind beim Schäferhund daher seltener als bei Rassen mit „offenen Augen“. Ähnliches gilt für die fest anliegenden, faltenlosen Lefzen, die keine die Ekzembildung begünstigenden Winkel und Taschen enthalten und ein unerwünschtes Speicheln ausschließen.

Diese anatomischen Voraussetzungen für eine geringe Krankheitsanfälligkeit erhöhen den Gebrauchswert des Hundes. Ein Gebrauchshund braucht natürlich gute Zähne. Zahnfehler werden daher bei Zuchthunden streng beurteilt. Der große und kräftige Kiefer des Deutschen Schäferhundes bietet allen Zähnen Platz für eine anatomisch richtige Verankerung. Das scherenartige Übereinandergreifen der Schneidezähne ermöglicht sicheren Griff bei geringster Abnutzung. Der Anblick des Schäferhundgebisses wird bei Dieben und Angreifern zwar Schrecken, bei rechtschaffenen Hundefreunden aber Bewunderung hervorrufen. Und für Tierärzte gibt es wenig daran zu tun, denn auf Grund der anatomischen Verhältnisse sind Zahnerkrankungen beim Schäferhund vergleichsweise selten.

Diese Beispiele zeigen, daß nicht nur das Wesen, sondern auch der Körperbau den Deutschen Schäferhund in besonderem Maße zum Gebrauchshund befähigen.

Schäferhundzucht ist Gebrauchshundzucht

Urahnen aller Hunde sind Wölfe. Der Streit, ob auch Schakale als Vorväter von Hunden anzusehen sind, ist endgültig entschieden. Vom Wolf zum Ur-Haushund war es ein jahrtausendelanger Weg, der vor etwa 20 000 Jahren damit begonnen haben mag, daß Wolfsrudel den Jägern folgten, ihr Lager umrundeten und des Nachts in den Abfallhaufen nach verwertbaren Essensresten scharrten. Dabei nahm ihre empfindliche Nase menschliche Witterung wahr, an die sie sich in Generationen gewöhnten.

Der naturverbundene Mensch seinerseits wird mit der Zeit den Nutzen der wölfischen Kostgänger erkannt haben. Ihr Gehör- und Geruchssinn waren ungleich besser entwickelt als die seinen. Die Reaktionen der Wölfe warnten ihn vor nächtlichen Gefahren. So entstand das Bedürfnis, sich diese Tiere nutzbar zu machen. Die Zähmung eines erwachsenen Tieres ist sicher nicht gelungen. Dagegen konnte bei einem in freier Wildbahn aufgefundenen Welpen die menschliche Sippe durchaus die Meute von Artgenossen ersetzen.

Der Wolfshund wurde so in den frühesten Stadien seiner Entwicklung auf den Menschen als Meuteführer geprägt. Mit der Geschlechtsreife wird es das wilde Blut zwar wieder in die Freiheit gedrängt haben, die unterbewußte Bindung an den Men-

Gegenüberstellung: Wolf und Deutscher Schäferhund

Ein starkes Team

schen aber blieb. Immer mehr Wildtiere mit solchen Erfahrungen wird es besonders stark in die Nähe der menschlichen Behausungen gezogen haben. Über viele Generationen kam es zwischen ihnen zu vermehrter Verwandtschaftszucht. Dadurch blieben die Tiere schließlich auf einer jugendlichen Entwicklungsstufe stehen und wurden nicht mehr erwachsen, wie ihre noch völlig wilden Vettern. Mit dieser Entwicklung war der Schritt vom Wild- zum Haushund getan. Die „ewig kindlichen“ Hunde schlossen sich zeitlebens dem Menschen an.

8000 bis 12 000 Jahre alte Knochenfunde künden von verschiedenen Haushund-Stammformen. Von einer jüngeren, mittelgroßen, den Bronzehunden, stammen die Schäferhundrassen ab. Sie wurden zu unentbehrlichen Weggefährten des Menschen. Bei Nutztieren wurden träge, anspruchslose Tiere als gute Futterverwerter gepaart. Beim Hund wurde dagegen auf Reaktionsstärke, Treue, Mut, Kraft und Ausdauer geachtet. Durch diese gezielte, aber noch nicht planvolle Zuchtwahl wurden die Wesens- und Gebrauchshundeigenschaften immer mehr gefestigt.

Ahnen

Wir sind fast an der Schwelle des 20. Jahrhunderts, und noch einmal muß der Rittmeister Max v. Stephanitz genannt werden. Er war von diesen Eigenschaften der verschiedenen in Deutschland bodenständigen Landrassen so fasziniert, daß er beschloß, durch planmäßige Zucht einen Deutschen Schäferhund zu schaffen, der alle positiven Wesens- und Gebrauchshundeigenschaften in sich vereinigen sollte. Seine Devise lautete: Schäferhundzucht ist Gebrauchshundzucht, muß Gebrauchshundzucht bleiben. Dementsprechend wurden in der Anfangszeit der planmäßigen Zucht immer wieder Herdengebrauchshunde zur Blutauffrischung und Verbreiterung der Blutbasis eingekreuzt. (Unter „Blut" versteht der Tierzüchter nicht die rote Flüssigkeit in den Adern, sondern die Erbanlagen.)

Blutbasis der Zucht waren örtliche Schäferhundschläge aus Sachsen, Thüringen und Württemberg. Sie alle entsprachen noch nicht dem Musterhund: Die Sachsen waren ziemlich klein und hatten häufig Ringelruten, dafür aber hielten sie die Ohren steif und waren lebhaft und ausdauernd. Die Süddeutschen dagegen waren größer und schwerer, trugen die Ruten vorbildlich, ließen aber häufig die Ohren hängen und waren träger und behäbiger. In über neun Jahrzehnten entstand durch planvolle Auslese schließlich der Deutsche Schäferhund von heute.

Zuchtmethoden

Ein in jeder Hinsicht hervorragender Hund kann schlechte Erbanlagen haben, die äußerlich nicht in Erscheinung treten. Hier setzt die hohe Kunst des Züchters ein. Er darf sich nicht damit begnügen, für seine Hündin den erstbesten fehlerfreien Rüden zu suchen. Er vergleicht vielmehr die Vorfahren, Geschwister und bereits vorhandene Nachzucht. Dadurch kann er den Zuchtwert erheblich besser abschätzen und eine Auslese treffen, die möglichst wenig dem Zufall überläßt.

Zu diesem Zweck bedient er sich einiger Hilfsmittel. An erster Stelle stehen die Zuchtbücher, in denen alle seit Begründung der planmäßigen Zucht gezüchteten Deutschen Schäferhunde verzeichnet sind. Inzwischen sind es über 1,9 Millionen, und jährlich kommen etwa 30 000 hinzu.

Der Züchter kennt die Blutlinien der wichtigsten Vererber. Als solche gelten Rüden, die ihre guten Eigenschaften durchschlagend an ihre Nachkommen vererbt haben. Bei Hündinnen ist eine solche Aussage wegen der geringeren Zahl der Nachkommen nicht so sicher möglich. Die wichtigsten Zuchttauglichkeitsprüfungen werden in der Tierzucht als Körungen bezeichnet. Die zur Zucht besonders geeigneten oder empfohlenen Rüden und Hündinnen werden angekört, 1995 waren es mehr als 5100. Ein Bericht über ihre Wesens- und Gebäudeeigenschaft wird in die Körbücher aufgenommen. Das Äußere wird auch auf Ausstellungen von erfahrenen Zuchtrichtern bewertet. 1995 wurden vom SV über 200 derartige Sonderschauen veranstaltet, zu denen insgesamt über 1700 Hunde gemeldet waren. Klassenweise konkurrieren dabei jeweils Rüden und Hündinnen gleicher Altersstufe (Jugendliche, Junghunde, alte Hunde).

Die wichtigste Klasse ist die Gebrauchshundklasse. Zu ihr gehören alle Hunde, die bereits eine Schutzhundprüfung abgelegt haben. Falls keine eklatanten Wesensmängel vorhanden sind, werden die Hunde mit vorzüglich (v), sehr gut (sg), gut (g) oder ausreichend (a) bewertet. Wichtigste Sonderschau ist die jährliche Hauptzuchtschau, auf der die besten der Vorzüglichen das Prädikat „Auslese“ (VA) erhalten. In der SV-Zeitung erscheinen Richterberichte, die den Züchtern wertvolle Hinweise geben. Der Züchter berücksichtigt gleichermaßen die Ergebnisse von Leistungsprüfungen. Diese Informationen sammelt er nicht nur aus Büchern und Berichten. Zu den Zuchtmethoden im weiteren Sinne gehört es, sich durch eigene Anschauung ein Bild von den in Frage kommenden Zuchttieren und ihrer Verwandtschaft zu machen. Reisen bildet!

Der Züchter hat sich an eine strenge Zuchtordnung zu halten. Den Laien wird interessieren, daß ein Rüde erst mit 24, eine Hündin frühestens mit 20 Monaten zur Zucht verwendet werden darf. Sie müssen auf einer Ausstellung mindestens mit „gut“ bewertet sein und sollen eine Leistungsprüfung bestanden haben. Die Welpen erhalten dann weiße Ahnentafeln. Haben auch die Großeltern ein Ausbildungskennzeichen, tragen die Ahnentafeln den Hinweis „Leistungszucht“. Wenn beide Eltern angekört sind, gibt es rote „Körzucht“-Ahnentafeln. Spitze ist die Kör- und Leistungszucht. Vorschriften über Wurfstärke und Ammenaufzucht dienen dem Gesundheitsschutz der Hündin. Die Einhaltung der Zuchtordnung wird von erfahrenen Zuchtwarten kontrolliert, die jeden Wurf besichtigen und beurteilen. Die Wurfmeldungen – 1995 waren es z. B. über 6000 – werden im Zuchtbuchamt eingehend unter die Lupe genommen und mit den verschiedenen Zucht- und Leistungskarteien sowie den Archiv-Ahnentafeln der Vorfahren verglichen. Erst nach diesen Prüfungen erhält unser Hund seine Ahnentafel.

Die **Ahnentafel** gibt Züchtern und Laien wichtige Informationen.

Erfolgreicher Deutscher Schäferhund bei der Europasieger-Zuchtschau Dortmund, Mai 1996

Sie ist ein juristisches Dokument, welches zum Rassehund gehört, also beim Kauf miterworben und beim Verkauf mit abgegeben werden muß. Fälschungen, Unterschiebungen und andere unlautere Manipulationen können strafrechtlich verfolgt werden. Die Ahnentafel weist nach, daß der betreffende Schäferhund mit einer bestimmten Zuchtbuch-Nummer in das Zuchtbuch (SZ) als Endglied einer Kette planmäßig gezüchteter, rassereiner Vorfahren eingetragen ist. Hinweis auf deren Zuchtwert geben die Körberichte sowie Schau- und Leistungsbeurteilungen von Eltern und Großeltern sowie die Angaben über Wurfstärke und Geschwister. Bei der Identitäts- und Abstammungssicherung von Zuchttieren hat, zumindest beim SV, die Zukunft begonnen: „Genetische Fingerprints“ sollen in den Ahnentafel-Daten vermerkt und zu einer Genotypen-Datenbank zusammengeführt werden.

Beim Kauf eines Deutschen Schäferhundes sollte man sich die Ahnentafel genau ansehen. Nur die mit einem Prägestempel gesiegelte SV-Ahnentafel wird allgemein und international anerkannt. Seit 1971 werden alle in das SZ eingetragenen Hunde unverwechselbar durch eine Tätowiernummer im Ohr gekennzeichnet. Diese Ziffer muß mit der Eintragung in der Ahnentafel übereinstimmen. Für die Gültigkeit der Ahnentafel ist die Unterschrift des Züchters wichtig. Die Besitzverhältnisse sind durch Unterschrift des jeweiligen Verkäufers zu bestätigen.

Die Ahnentafeleintragung „Inzucht“ braucht den Nichtfachmann nicht abzuschrecken. Sie erfolgt, wenn in der väterlichen und mütterlichen Linie bis in die fünfte Generation hinein gleiche Vorfahren auftauchen. Dabei wird es sich um besonders bewährte Vererber handeln, deren positive Erbeigenschaften durch die Inzucht verstärkt in Erscheinung treten. Im Prinzip häufen sich natürlich auch die schlechten Eigenschaften. Daher ist engste Inzucht, sogenannte Inzestzucht, zwischen Eltern, Großeltern und Geschwistern in der Regel verboten.

Inzucht ist in der Tierzucht ein bewährtes Mittel zur Festigung erwünschter Eigenschaften. Voraussetzung für ihren Erfolg sind die Kenntnisse des Züchters über Abstammung und Erbwert.

Der Züchter ist verpflichtet, über seine Zucht Aufzeichnungen zu machen. Zu diesem Zweck führt er im allgemeinen ein Zwingerbuch. Obenan steht der Zwingername, den er für seine Zucht gewählt hat und der zuchtbuchamtlich geschützt ist, wie über 10 000 andere. Alle Würfe werden genau im Zwingerbuch festgehalten. Die Namen der Wurfgeschwister beginnen stets mit dem gleichen Buchstaben.

Eine rassetypische Hündin präsentiert sich im Stand

Junghunde können vom neunten Lebensmonat an auf einer Nachwuchsschau vorgestellt werden, die oft vor Ausstellungen durchgeführt wird. Ort und Termin können beim SV oder einer seiner Ortsgruppen erfragt werden. Der Junghundbesitzer erfährt, ob er einen rassetypischen und vielleicht vielversprechenden Schäferhund hat.

Darüber hinaus fallen vielleicht nützliche Tips für die weitere gesunde Aufzucht und Haltung ab, denn unser Hund ist in diesem Alter noch lange nicht ausgewachsen.

Über **Zuchterfolge** zu schreiben, heißt beim Deutschen Schäferhund eigentlich „Eulen nach Athen“ tragen. Deshalb will ich mich auf zwei instruktive Beispiele beschränken.

Das erste ist die Haarart. Das Langhaar der altdeutschen Schäferhunde – früher weit verbreitet – ist heute fast ganz verschwunden. Seit langem wurden langhaarige Schäferhunde nicht mehr angekört, weil sie bei weitem nicht so wetterfest wie stockhaarige Hunde sind. Das lange Haar wird leicht durchnäßt. Wärmende Unterwolle fehlt. Mit Einschränkungen gilt das auch für „Langstockhaar“. Dabei ist das längere Deckhaar leicht gewellt und nicht dicht anliegend. Unterwolle ist häufig nur unzureichend vorhanden.

Diese Haarvarianten wurden in den letzten Jahrzehnten in zunehmendem Maße von der Zuchtverwendung ausgeschlossen, so daß heute praktisch nur noch das gebrauchstüchtige Stockhaar zu finden ist.

Das zweite Beispiel stammt aus unseren Tagen. Vertreter aller großen Hunderassen, mit Ausnahme der Greyhounds, leiden häufig an einer erblichen Abflachung im Hüftgelenk der sogenannten Hüftgelenksdysplasie (HD). Dieses Erbleiden beeinträchtigt den Gebrauchswert, weil der Oberschenkelkopf in der Gelenkpfanne keinen festen Halt findet.

Seit 1966 werden daher die Deutschen Schäferhunde vor einer Zuchtverwendung geröntgt. Erweisen sich die Hüftgelenke als einwandfrei, wird in die Ahnentafel das Kennzeichen „a“ eingetragen. Bei erheblichen Mängeln wird diese Anerkennung versagt. Dar war bisher bei fast 23 000 von über 210 000 untersuchten Schäferhunden der Fall. Diese Hunde sind – obgleich es sich um ein freiwilliges Verfahren handelt – praktisch von der Zucht ausgeschlossen. Es bedarf vieler Zuchtgenerationen, um einen derartigen Mangel ganz auszumerzen.

Erste Erfolge sind aber bereits erkennbar, denn schwere HD-Formen konnten bereits deutlich zurückgedrängt werden. Der SV widmet sich nun aktiv der Frage, ob auch bestimmten Erkrankungen des Ellenbogengelenks mit züchterischen Mitteln begegnet werden kann.

Das **Zuchtziel** ergibt sich aus der in der Kapitelüberschrift genannten Devise. Die Spitzenhunde entsprechen heute in Wesen und Gebäude weitgehend dem Ideal. Ziel der Zucht muß es sein, die Basis guter Eigenschaften zu verbreiten, so daß immer mehr Hunde dem Zuchtziel nahe kommen.

Erziehung

Liebe, gepaart mit Strenge

Erziehung ist das A und O jeder Hundehaltung. Selbst Goethe, der nicht gerade als Hundefreund galt, räumte ein: „Dem Hunde, wenn er gut gezogen, wird selbst ein weiser Mann gewogen!" Die Mitmenschen schmunzeln verständnisvoll, wenn ein Dackelbesitzer erfolglos hinter seinem „Individualisten" herruft oder wenn ein Möpschen sein Frauchen ausführt. Ein ungehorsamer oder an der Leine zerrender Schäferhund erweckt eher hämisches Grinsen.

Bedauerlicherweise beweisen nur allzu häufig auch andere Unarten, daß bei der Erziehung von Schäferhunden viel gesündigt wird. Durch solche Unterlassungssünden kann der Schäferhund zum Schrecken der Gemeinde und letztlich zum Anlaß von Horrormeldungen werden. Unser Deutscher Schäferhund braucht also eine gute Kinderstube, in der verständnisvolle Liebe, gepaart

Ein geduldiger Spielkamerad

mit autoritärer Strenge, ihn auf den Pfad der Tugend leiten.

Die Welt des Hundes

Zunächst einmal muß der Hundefreund sich klarmachen, daß der Hund die Welt ganz anders sieht als er selbst. Wahrscheinlich unterscheidet der Hund kaum oder gar nicht nach Farben. Entfernungen kann er schlecht mit den Augen abschätzen. Nur in einem Sehbereich vermag er mehr als der Mensch: Bewegte Gegenstände nimmt er besser wahr und verfügt damit über eine unerläßliche Fähigkeit des Wildtieres zur Verfolgung der Beute.

Die Welt erschließt sich dem Hund vor allem durch die Nase. Die Feinheit seines Geruchssinnes ist für den Menschen schier unvorstellbar. Ein Schäferhund hat 25- bis 30mal soviel Riechzellen wie der Mensch; seine Riechschleimhaut ist 20mal so dick. Diese Zahlen geben die erstaunlichen Geruchsfähigkeiten bei weitem noch nicht zutreffend wieder. Der Hund riecht zum Beispiel Buttersäure in millionenfach niedrigerer Verdünnung als der Mensch. So lebt er mit einer für uns nicht erfaßbaren Vielzahl von Gerüchen, die seine Wege begleiten und Freund und Feind kennzeichnen. Auch das Gehör des Hundes übertrifft das seines Herrn. Der Mensch nimmt Tonschwingungen bis etwa 15 kHz wahr, der Hund hört Tone bis 50 kHz, so die „lautlosen“ Hundepfeifen, deren hoher Ton am menschlichen Ohr spurlos vorbeiflötet, während der Hund auf den Pfiff – hoffentlich – sofort reagiert.

Die Verhaltensweisen des Hundes sind von den Erfahrungen geprägt, die seine Vorfahren als soziale Glieder eines Rudels erworben haben. Vom Krabbelkind über den Halbstarken bis hin zum ewigen Kind im Manne ließen sich manche Parallelen zum Menschen ziehen. Solche Vergleiche dürfen aber nie zu einer Vermenschlichung des Hundes verleiten. Sein Verhalten wird nicht durch Vernunft, sondern in erster Linie von den ererbten Instinkten geleitet.

Unser Deutscher Schäferhund muß Hund bleiben, mit natürlichen Instinkten und Reaktionen, frei und selbstsicher im Wesen, wachsam und furchtlos, wenn's drauf ankommt kämpferisch, aber immer mit freudigem Gehorsam gegenüber seinem Herrn und Meister. Das ist das Ziel jeder Erziehung.

Die ersten Tage im neuen Heim

Um dieses Ziel zu erreichen, macht man sich die natürliche Entwicklung zum Meutetier zunutze. Die Erziehung beginnt, wenn der Welpe über die Schwelle des Hauses getragen wurde. (Und das richtig: Eine Hand vor der Brust, die andere unter dem Hinterteil. Nie hebt man den Welpen an den Vorderläufen hoch oder quetscht die Hand zwischen Brustkorb und Ellenbogen; die Sehnen und Bänder, die das Schulterblatt mit dem Körper verbinden, würden überdehnt; eine „lose Schulter" mit abstehendem Ellenbogen wäre die Folge.) Im Alter von acht oder neun Wochen befindet sich der Welpe noch in der Phase des neugierigen Entdeckens seiner Umwelt. Verbindungen zu anderen Hunden und vor allem zum Menschen werden noch besonders intensiv geprägt. Der Welpe braucht noch viel Schlaf. Wach erkundet er seine Welt im Spiel.

Der Hundebesitzer spielt mit! Und wenn die Mitmenschen auch lächeln, er kann jetzt nichts Besseres tun, als sich auf alle Viere niederzulassen, dem Hund entgegenzukommen und im Spiel sein Zärtlichkeitsbedürfnis zu stillen. Die jetzt begründete Verbundenheit wird ein Leben lang halten.

Der Deutsche Schäferhund soll kein Allerweltshund werden. Besucher werden daher höflich, aber bestimmt von allzu intensiver Beschäftigung mit dem Welpen abgehalten. Die eigenen Kinder spielen natürlich mit. Ihnen wird klargemacht. daß der Hund kein Spielzeug ist und daß sie ihm auf keinen Fall wehtun dürfen. So wird die sprichwörtliche Kinderfreundlichkeit des Deutschen Schäferhundes schon in den ersten Wochen gefördert. Nachbarkinder allerdings werden, von begründeten Ausnahmen abgesehen, ferngehalten. Allen Kindern wird erklärt, daß der Hund seine Rechte hat, die er notfalls beißend verteidigt. Das Verständnis für die Eigenart von Hunden muß heute besonders bewußt gefördert werden, um die falschen Vorstellungen zu berichtigen, die von „Lassie, Boomer & Co" frei Fernsehschirm vermittelt wurden.

Spiel mit Grenzen

Zum Spielen gehört Spielzeug. Der Welpe hat einen unbändigen Trieb, seine nadelspitzen Zähne zu erproben. Während des Zahnwechsels im vierten bis sechsten Monat wird das Nagebedürfnis noch verstärkt werden. Wenn es sich nicht auf Stuhlbeine oder Teppiche konzentrieren soll, muß der Welpe geeignete Beschäftigungsobjekte erhalten. Geeignet, aber teuer und kurzlebig, sind Spielknochen aus „Büffelleder". Den gleichen Zweck erfüllt ein harter Knochen oder ein glattes Stück Hartholz. Weiches Holz dagegen ist verboten. Die Splitter können die Maulschleimhaut verletzen und als Fremdkörper abgeschluckt werden. Aus diesem Grunde sind auch weiches Gummi oder Schaumstoff zu meiden sowie alle kleinen Gegenstände (Stei-

Hilfsdienst bei der Postzustellung

ne, Murmeln, Pfirsichkerne, Kinderspielzeug), die versehentlich abgeschluckt werden und einen Darmverschluß verursachen können.

Herrchens alte Schlappen oder Socken dürfen dagegen gern als Spielzeug herhalten. Nur müssen dann die neuen Schuhe sicher aufbewahrt werden. Sie verströmen den gleichen Duft. Der Hund kann sie daher nicht von den „abgelegten" unterscheiden. Herrchens Eigenwitterung zieht der Hund jedenfalls allen Düften aus den Retorten der modernen Waschmittelindustrie vor. Er wird sie unauslöschbar in seinem Nasengedächtnis speichern. Beim spielerischen Kampf um die Socken lassen wir den Welpen meistens gewinnen. Das gibt ihm Sicherheit. Bisweilen aber bleibt Herrchen Sieger. Vielleicht reagiert der Welpe schon mit ersten Anzeichen von Aggressivität und schnappt nach Herrchens Hand. Halb Spiel – halb Ernst schnappt diese ihrerseits nach seinen Lefzen, hält, kneift und zwickt ein wenig. Das zeigt ihm seine Grenzen. Ein Nest bietet nicht nur Wärme, es hat auch einen Rand!

Stubenreinheit

Dieses Zwicken ist aber auch das einzige, was der acht bis zehn Wochen alte Welpe an körperlichen Strafeinwirkungen ertragen kann. Schläge oder Schütteln am Nackenfell würden nichtwiedergutzumachende Schäden anrichten und zu lebenslanger Ängstlichkeit, Nervosität und Vertrauensmangel führen. Eine geradezu bestialische Beleidigung seines Riechsinnes wäre es, seine Nase in die eigenen Exkremente zu stupsen. So wird kein Hund stubenrein!

Dabei ist die Erziehung zur Stubenreinheit in diesem Alter ein Kinderspiel. Sie erfordert nur ständige genaue Beobachtung, rasche Reaktion und einige Unbequemlichkeiten: Jedesmal, wenn der Hund aufwacht, wenn er gefressen hat oder wenn er zu anderer Zeit anfängt, unruhig schnüffelnd umherzulaufen, wird er sofort auf den Arm genommen. Keine Angst, die Bescherung wird sich nicht in den Pullover ergießen, denn der Hund kann sich auf dem Arm nicht hinhocken. Das wird erst draußen besorgt, und zwar stets an demselben Platz, der schon nach wenigen Benutzungen den Hund mit den gesuchten Geruchssignalen zu seinem wichtigen Geschäftchen lockt.

Sollte doch einmal eine solche Duftmarke in der Wohnung entstanden sein, reagieren Sie Enttäuschung und Wut mit Scheuern und Desinfizieren ab, um die Geruchsspuren zu tilgen. Den Hund aber lassen Sie nichts merken, denn das Malheur ist wahrscheinlich infolge eigener Unachtsamkeit oder Trägheit passiert. Abends besteht die letzte Handlung darin, den Welpen noch einmal nach draußen zu bringen und geduldig zu warten, bis die Verarbeitungsprodukte der letzten, nicht zu spät und möglichst trocken eingenommenen Mahlzeit entleert sind.

Bis zum nächsten Morgen ist die Blase trotzdem wieder gefüllt. Der ausgeschlafene Welpe wird auf das erste Geräusch in der Wohnung reagieren. Es drängt ihn zu seinem Morgensee. Daher als allererstes wieder hinaus mit ihm! Hält der kleine Kerl trotz dieses selbstaufopfernden Einsatzes nachts nicht durch, wird sein Lagerplatz unüberwindlich abgesperrt oder in einer nach oben offenen, ausreichend großen Kiste aufgeschlagen. Sein Lager wird er nur in allergrößter Not verunreingen.

Nachtruhe

Die so nachgebildete Höhle mag ihm auch das Gefühl von Geborgenheit geben. Er hat sie tagsüber kennengelernt, konnte seine Duftmarken hinterlassen und findet diejenigen seines Herrn in Form des zuvor beim Spiel benutzten Strumpfes wieder. Wenn er trotzdem nachts jämmerlich weint, weil Mutter und Geschwister fehlen, hilft nur Watte in den Ohren.

Es wäre grundfalsch, sich die Nachtruhe damit zu erkaufen, daß dem ach so kleinen armen Welpen „nur dieses einzige Mal“ ein sicheres warmes Plätzchen im Ehebett freigemacht wird. Bei diesem einen Mal wird es nicht bleiben! Von hygienischen Bedenken einmal abgesehen, könnte am Ende der Hund in stattlicher Pracht auf dem Federbett ruhen, nachdem Frauchen unter Protest das eheliche Gemach für immer verlassen hat.

Einordnung

Stubenrein und nachts ruhig, ansonsten aber kaum erzogen, kommt unser Welpe in der zehnten bis zwölften Lebenswoche in das nächste Stadium seiner Persönlichkeitsentwicklung. Sie dauert nur vier bis sechs Wochen. Diese Wochen müssen die Erziehung in sich haben! Denn jetzt ist der Welpe in seinen Beziehungen zur Umwelt bereits gefestigter und selbstsicherer, aber noch formbar wie Wachs. Nie wieder wird er die Grundbegriffe der Wohlerzogenheit so leicht und dauerhaft begreifen wie jetzt. Seine Lektionen sind: **Tageseinteilung, Alleinbleiben, Leinenführigkeit** und **Gehorsam.**

Der Tag läuft nach einem bestimmten Plan ab. Feste Futterzeiten, Zeit für Spiel, Ausgang, Schlafen und Gassigehen bringen Ordnung ins Hundeleben. So kann es dem individuellen Tagesablauf der Familie angepaßt werden.

Unser Welpe muß nun lernen, allein zu bleiben, ohne die ganze Nachbarschaft mit Heulen und Kläffen zu mobilisieren.

Nach der Mahlzeit will der Welpe ruhen. Dieses Bedürfnis wird zur Übung des Alleinbleibens ausgenutzt. Der Welpe wird auf sein Lager verwiesen. Diesen Platz macht ihm niemand streitig – hier kann er sich geborgen fühlen. Herrchen entfernt sich mit einigen beruhigenden Worten und schlägt die Haustür zu – von innen! Dann ist in der Wohnung alles mucksmäuschenstill. Vielleicht klappt es auf Anhieb, und der Schlaf des Gerechten hilft dem Welpen über das Alleinsein hinweg. Vielleicht beginnt er aber auch zu winseln. Zwei-, dreimal soll man darauf eingehen.

Dem Welpen wird mit Streicheln und Lob deutlich gemacht, daß er nur vorübergehend allein, aber nicht verlassen ist. Zu oft darf er aber nicht das Erfolgserlebnis haben, daß sein Jaulen umgehend Herrchen oder Frauchen herbeizaubert.

Deshalb folgt bald Teil zwei der Übung: Der Welpe jault vergeblich, bis er schließlich Ablenkung im Spiel oder Vergessen im Schlaf findet. Bald kann die Zeit des vermeintlichen Alleinseins verlängert werden, bald kann Frauchen einkaufen gehen, ohne daß ein Welpen-Sitter die Wohnung hüten muß.

Zur Erstausstattung gehören ein nicht zu schmales Lederhalsband und eine leichte Leine: Das Halsband hat der Welpe schon im Spiel getragen und die fruchtlosen Versuche aufgegeben, diesen Fremdkörper abzustreifen. Jetzt wird die Leine eingehakt. Die Bewegungsfreiheit ist durch eine bisher unbekannte Macht in unverständlicher Weise eingeschränkt. Der Welpe zieht in alle Richtungen und wirft sich schließlich mit wütendem Protest zu Boden. Geduldig und konsequent wird dem Welpen klargemacht, daß Herrchen und Leine stärker sind als er. Notfalls zwingen sie ihn, auf allen Vieren rutschend, in die gewünschte Richtung. Dabei fällt kein einziges lautes Wort. Es würde den Hund noch mehr verschrecken. Ihm wird vielmehr beruhigend und besänftigend Mut zugesprochen. Plötzlich läuft er die ersten Schritte freiwillig bei loser Leine ne-

Hinterm Stock herjagen – immer ein großer Spaß

ben Herrchen her. Der reagiert sofort mit freudigem Lob: „So ist's brav." Das wird zwar noch nicht das letzte Wort in dieser Angelegenheit sein. Die Summe des Lobes und die Erfolglosigkeit des Widerstandes lassen den Hund aber schnell erfahren, daß es viel schöner ist, freiwillig mit Herrchen zu laufen, als sich zu sträuben.

Damit wir uns recht verstehen: Dies ist noch kein Exerzieren. Nur die Grundbegriffe der Leinenführigkeit sollen ihm jetzt in Fleisch und Blut übergehen. Man darf sich durchaus darauf einstellen, eine Strecke am Wegesrand zu bummeln. Der Welpe darf die verlockenden Düfte ausgiebig studieren und dabei auch einmal die Richtung angeben. Dann folgt aber irgendwann wieder konsequent ein Stück nach „Herrchens Art": In der Mitte des Weges geht es schnurstracks ohne Schnüffeln und Scharren voran. Dabei geht der Hund immer links vom Herrn.

Auch zum **Gehorsam** sollen in diesem Alter erst einmal die Grundlagen gelegt werden. Der Hund soll nicht blind, sondern freudig gehorchen. Dazu ist erforderlich, sein Spiel- und Anlehnungsbedürfnis weiter ausgiebig zu befriedigen.

Auf ein Wort soll der Hund folgen. Nur auf **ein** Wort kann er folgen. Den Sinn langer Schimpftiraden kann er nicht verstehen. Drohgesten und Stimmlage geben ihm bestenfalls das unbestimmte Gefühl, daß sich etwas Unangenehmes zusammenbraut. Schneller erlernbar ist das kurze, scharf ausgesprochene „Pfui". Verständlich wird es aber nur, wenn der Hund auf frischer Tat ertappt wird und wenn dieses Wort mit einer unangenehmen körperlichen Erfahrung verbunden wird.

Wird die „Untat" später festgestellt, ist jede Strafe sinnlos: Der Hund kann keine Verbindung mehr zum vorangegangenen Fehlverhalten herstellen. Nie sollte der Hund merken, daß Herrchen die Ursache des körperlichen Mißbehagens ist. Von Herrchen kommt nur das Wort „Pfui". Der Ruck an der Leine, der plötzlich hereinprasselnde, grobe Kies – bei ausreichender Treffsicherheit ein geeignetes Erziehungsmittel, um auf den Hund auch noch aus einiger Entfernung einwirken zu können – oder der laute Klaps mit der zusammengefalteten Zeitung scheinen auf höherer Gewalt zu beruhen. Herrchens Hand straft **nie,** sie lobt nur, gibt Sicherheit und Vertrauen, denn der Hund soll nicht „handscheu" werden.

Lob und Tadel gehören untrennbar zusammen. Anders sind freudiger, vertrauensvoller Gehorsam und ein frisches, freies Wesen nicht zu erhalten. Über das Loben brauchen nur wenige Worte verloren zu werden, denn es kommt von Herzen, während die Strafe der Liebe gegen den Strich steht.

Nur soviel: Auch das Lob hat sein Wort, zum Beispiel „Braaaav". Gleichzeitig wird der Hund gestreichelt, geklopft, gedrückt, ganz nach Situation und Herzenslust. Der Hund wird bald den Klang des Wortes „Pfui" mit Unbehagen verbinden und bei „Braav" Wohlbehagen empfinden, so daß später diese Wörter genügen. Natürlich „sagt" die Stimme seines Herren dem Hund mehr, als er verstehen kann. Sein Gehör registriert alle Ober- und Untertöne und verbindet sie mit Herrchens Reaktionen. Deshalb beschränkt sich die „Unterhaltung" mit dem Hund nicht auf wenige Worte. Man „spricht" vielmehr ausgiebig mit ihm. Durch den Tonfall der Stimme werden Unzufriedenheit, Ermunterung, Beruhigung oder Anfeuerung vermittelt. Befehle aber werden stets mit dem gleichen Wort gegeben. Im einzelnen soll der Hund bereits in diesem Alter die Begriffe „Hier" – „Platz" und „Aus" erlernen.

Wenn der Hund dem Wort **Hier** gefolgt ist, wird er ausgiebig gelobt. Folgt er nicht sogleich, läuft Herrchen ihm nicht nach, sondern in entgegengesetzter Richtung davon. Der Hund wird – ängstlich, den Herrn zu verlieren – schleunigst folgen. Dafür wird er wieder gelobt.

Das Herankommen ist die Ausnahme von der Regel der Erziehungsgrundsätze: Strafe ist hier ein für allemal verboten! Selbst wenn der Junghund später einmal in den Wald entwischt ist und alles Rufen geflissentlich überhört hat, darf der Spätheimkehrer trotz innerer Wut nicht bestraft werden. Er würde die Strafe mit dem Kommen, aber nicht mit dem davorliegenden Weglaufen verbinden. Er wird dafür beim nächsten Ausgang seine Lektion erhalten: Am Waldesrand wird er von der Leine gelassen, ohne zu wissen, daß eine zweite, etwa 10 m lange Wäscheleine an seinem Halsband befestigt ist. In 9,5 m Entfernung von Herrchen ertönt dessen „Hier" – fast auf dem Fuße folgt bei 10 m ein Ruck am Hals, der Hund dreht verdutzt ab und kommt – halb zog es ihn – zurück: so ist „braav". Genauso wird es ihm abgewöhnt, hinter Katzen, Hühnern oder Hasen herzuhetzen.

„Platz" ist das Wort für „sofort hinlegen und liegenbleiben". Temperament und Spieltrieb machen es schwer, diesen Befehl zu befolgen. Deshalb braucht der Welpe noch nicht zu jeder Zeit und an jedem Ort auf Befehl „Platz" zu machen. Nur an seinem Platz, auf seinem Lager, hat er sich nach Spiel und Mahlzeit auf diesen Befehl zu legen. Besonders wenn die Familie zu Tisch sitzt, hat sich der Hund zurückzuziehen. Das Betteln bei Tisch ist eine völlig unnötige Unart. Kein einziges Mal darf für ihn vom Tisch etwas abfallen. So wird er gar nicht erst auf den Geschmack kommen.

Leichte Unsicherheit in der fremden Umgebung

Wenn Onkel August, der selbst angeblich so gern einen Hund hätte, oder Tante Frieda mit ihrer gutmeinenden, aber menschen-gefühlvollen Tierliebe zu Besuch kommen, wird der Hund vorsichtshalber während des gemeinsamen Festessens ausgesperrt. Niemand soll in Versuchung geführt werden. Vielleicht hat unser Vierbeiner schon bei der Begrüßung zu erkennen gegeben, daß er die lieben Gäste „gut riechen kann" und ist vor Freude an ihnen hochgesprungen. August und Frieda dürften es nicht übers Herz bringen, den possierlichen Welpen ins Leere oder aufs spitze Knie springen zu lassen. Das mag bei anderer Gelegenheit ein Freund der Familie nachholen, um dem Hund klarzumachen, daß fremde Menschen keine Objekte derartiger Hundebegrüßungszeremonien sind. Erfolglosigkeit und Schmerz in Verbindung mit Herrchens „Pfui" werden dem Hund bald seine Freudensprünge vor und nicht am Fremden vollführen lassen und gleichzeitig ein gesundes Maß an Mißtrauen erwecken. Beim Besuch von Onkel und Tante begnügen wir uns vorerst damit, den Hund möglichst schnell aus der Begrüßungslinie herauszuziehen und auf seinen Platz zu bringen.

Noch eines muß unser Welpe im „Kindergartenalter“ lernen: Was ich habe, muß ich Herrchen auf den Befehl **„Aus“** überlassen, sei es der Stock im Walde oder der wohlriechende Knochen. Dieses Auslassen auf Kommando hat größte Bedeutung für das spätere Hundeleben: Beim Auffinden verdächtiger Köder, die vielleicht vergiftet sind, kann es lebensrettend sein. Bei Schutzhundprüfungen bringt es Punkte. Dem aus der Sicht des Hundes zu Recht, tatsächlich aber zu Unrecht angegriffenen Passanten erspart es ein Loch im Mantel oder Arm. Vor allem aber bleibt Herrchen stets Herr seines Hundes.

Unterordnung

In der nächsten Entwicklungsphase, etwa im fünften, sechsten und siebten Monat, sucht der Hund den Meuteführer, dem er sich anschließt. Die Erziehung baut auf dem bereits Erlernten auf. Mag vorher der Erzieher gelegentlich noch ein Auge zugedrückt haben, jetzt darf er nichts mehr durchgehen lassen und muß konsequent auf der Befolgung der Befehle bestehen. Vor allem „Hier“ wird geübt. „Aus“ muß dem Hund in Fleisch und Blut übergehen. „Platz“ wird nun auch außerhalb des Lagers verlangt. Hinzu kommt „Sitz“. Der Hund muß jetzt freudig und frei an der Leine gehen. Beim Stehenbleiben an der Ampel oder bei der Begrüßung eines Freundes hat er sich sofort hinzusetzen. Beim Kommando „Sitz“ wird mit der rechten Hand die Leine sanft nach oben gezogen, gleichzeitig drückt die Linke den Hund an der Kruppe nieder.

Schutz- und Beutetrieb prägen sich nun erkennbar aus. Sie müssen in die richtigen Bahnen gelenkt werden. Angeleint muß der Hund unter Menschen, um zu lernen, daß deren natürliche Bewegungen kein Grund zum Eingreifen sind. Von der Jagd nach Autos und Fahrrädern ist der Hund sofort abzurufen. Seinen Beutetrieb kann er im Spiel mit weggeworfenen Stöcken (nie mit zähnemordenden Steinen!) befriedigen. Dabei lernt er das Bringen von Gegenständen, denn nur dadurch geht das herrliche Spiel weiter. Bei aller Konsequenz in der Erziehung darf das Spiel nicht vergessen werden.

Dazu gehört nach wie vor der spielerische Umgang mit anderen Hunden. Der Junghund lernt hundesoziales Verhalten. Herrchen greift ordnend ein, wenn Spiel zu Ernst auszuarten droht. Erst das Erfolgserlebnis macht den Hund zum Raufer. Die Kampfreizschwelle ist natürlich im eigenen Revier eines der beteiligten Vierbeiner besonders niedrig. Daher wird eine „neutrale“ Umgebung wie z. B. der Stadtpark bevorzugt. Das ist in der nächsten Entwicklungsphase besonders wichtig.

Der Halbstarke

Etwa im achten und neunten Monat folgt nämlich die Pubertät. Unser Hund scheint manchmal unsicher zu sein und Erlerntes vergessen zu haben. Eine Vorahnung von völliger Selbständigkeit drängt ihn zu entweichen. Der Rüde beginnt das Bein zu heben und sein Revier mit Duftmarken abzustecken. Der Schutztrieb erwacht. Fremde werden verbellt. Dafür wird er gelobt: Erziehung zur Wachsamkeit. Mit Ruhe wird ihm klargemacht, wann er genug gebellt und seine Aufgabe gut erfüllt hat. Unser Hund soll kein Dauerkläffer werden.

Der Jährling hat die pubertären Schwierigkeiten vergessen. Er ist erwachsen. Sein Tätigkeitsdrang muß befriedigt werden. Langeweile würde ihn zu Unarten verleiten. Jetzt kann eine planvolle Ausbildung auf dem bereits Erlernten aufbauen. Im zweiten Lebensjahr naht der Zeitpunkt, zu dem der Jungwolf sein Rudel verlassen würde. Auch der Hund wird bei irgendeiner Gelegenheit versuchen, sich selbständig zu machen und die Meuteführerschaft zu erkämpfen. Vielleicht lehnt er sich gegen den Befehl „Platz" auf, vielleicht verweigert er mit drohend hochgezogenen Lefzen, aufgestellter Rute und gesträubtem Rückenhaar die Herausgabe seines Knochens. Diese Herausforderung muß der Herr unverzüglich annehmen. Sonst würde der Hund für alle Zeiten ein schwer lenkbarer Tyrann. Der Besitzer muß in dieser Situation dem Hund ein deutliches Unterlegenheitserlebnis bereiten. Die sonst stets ruhige Stimme steigert sich zu furchterweckendem Gebrüll. Wenn nötig, setzt es (gezielte!) Schläge auf unempfindliche Körperteile. Der Rebell wird im Nackenfell gepackt und kräftig durchgeschüttelt. Das ist das Demütigendste, was einem Hund widerfahren kann. Auf diese Art unterwirft auch das Wildtier den unterlegenen Rivalen.

Dieses Erlebnis wird den Hund demoralisieren. Es muß daher die absolute Ausnahme bleiben. Deshalb wird der verschüchterte, unterlegene Hund alsbald auch aus seinem Schmollwinkel wieder hervorgeholt. Liebevolle Zuwendung und Lob zeigen ihm, daß er nicht aus der schützenden Gemeinschaft ausgestoßen wurde. Als Zeichen der Überlegenheit werden in Zukunft die drohend erhobene Stimme und ein kurzer Ruck an der Leine am Kettenhalsband genügen. Das Stachelhalsband gehört in das Gruselkabinett veralteter Erziehungsmethoden. Es deutet auf ewig unentschiedenen Kampf zwischen einem persönlichkeitsbewußten Hund und einem unsicheren Führer.

Ausbildung

Vereinsmeierei?

Der Laie schwankt zwischen Bewunderung und Verständnislosigkeit, wenn er Schäferhunde während der Ausbildung beobachtet. Er fragt kritisch: Muß mein Schäferhund überhaupt „abgerichtet“ werden? Ist das alles nicht nur Vereinsmeierei? Handelt es sich nicht sogar um Tierquälerei?

Die erste Frage ist mit einem klaren Nein zu beantworten. Durch eine vernünftige Erziehung wird der Schäferhundfreund einen gut gehorchenden, wachsamen, verträglichen und verkehrssicheren Hausgenossen haben. Diese Eigenschaften werden durch verständnisvolle Lenkung sicher zur Zufriedenheit des Besitzers weiter gefördert. Mehr ist nicht nötig. Also Vereinsmeierei? Wiederum Nein! Denn wohlerzogen sollte jeder Hund sein.

Unser Deutscher Schäferhund aber ist ein Gebrauchshund, die Gebrauchshund-Eigenschaften gehören zu seinen Rassemerkmalen. Wie anders sollte man diese Eigenschaften erkennen als durch objektive Leistungsprüfungen, die als Voraussetzung für die Verwendung zur Zucht gewertet werden können.

Der SV hat daher von Anfang an die Leistungsfähigkeit zum obersten Zuchtmaßstab erhoben. Die Züchter und Liebhaber müssen ihre Hunde ausbilden und prüfen, um eine möglichst breite und sichere Basis der Rasseeigenschaften zu erhalten und zu fördern.

Ein drittes Nein zur dritten Frage: Ausbildung bedeutet systematische Förderung der natürlichen Anlagen des Hundes. Dressur gehört in den Zirkus. Früher mögen rabiate Abrichtungsmethoden den Gebrauchshundführer gelegentlich in die Nähe des Tierquälers gebracht haben. Heute hat man erkannt, daß so nur eine höchst gefährliche Mischung aus Angst und Schärfe produziert wird. Drei Beispiele mögen zeigen, daß die Ausbildung eines Gebrauchshundes mit Tierquälerei nichts zu tun hat:

1. Nach der vom Verband für das Deutsche Hundewesen herausgegebenen internationalen Prüfungsordnung sind beim Schutzdienst besonders empfindliche Körperteile von Hieben zu verschonen.
2. Der SV achtet streng darauf, daß seine Mitglieder keine ferngesteuerten elektrischen Schockapparate zu Ausbildungszwecken verwenden.

Schwarz markiert: die besonders empfindlichen Körperteile

3. Die 1,60 bis 1,80 m hohe „Kletterwand“ soll nach den Richtlinien des SV zur Schonung der Bänder und Gelenke des Hundes mit Steigleisten versehen werden.

Nicht jeder Deutsche Schäferhund braucht es also zum Polizeihund zu bringen. Es spricht aber auch nichts gegen eine planvolle Ausbildung. Im Gegenteil: Die rassegemäße Beschäftigung wird die Fähigkeiten des Deutschen Schäferhundes erst voll zur Geltung kommen lassen.

Daher sei empfohlen, gelegentlich den nächstgelegenen Übungsplatz aufzusuchen und sich dort einmal umzusehen. Auf jeden Fall wird man hier den Rat erfahrener Schäferhundführer zur Erziehung, Haltung und Ausbildung einholen konnen. Berührungsängste sind dabei nicht angebracht. Der SV öffnet zum Beispiel im Rahmen seines „Augsburger Modells“ seine Übungsplätze systematisch für Nichtmitglieder: Jedermann kann seinen Hund, gleich welcher Rasse, zum Begleithund ausbilden und prüfen lassen.

Fährte, Unterordnung, Schutzdienst

Die Ausbildung eines Gebrauchshundes ist eine Wissenschaft für sich. Eine fundierte und umfassende Anleitung würde allein ein Buch wie dieses füllen. Daher sollen nur einige kurze Anmerkungen gegeben werden, die das Verständnis für eine sinnvolle Ausbildung fördern können.

Die Ausbildung ist die Fortsetzung der Erziehung mit den gleichen Mitteln. Sie erfordert Zeit, Geduld und Verständnis. Der Hund kann Sinn und Zweck der verlangten Übungen nicht begreifen. Deshalb müssen ihm Hilfen gegeben werden, die stets mit den zum Teil schon bekannten Befehlsworten verbunden werden. Nie darf man erwarten, daß der Hund von vornherein einen Befehl versteht und ausführt. Erst nach vielen Wiederholungen steht das Befehlswort stellvertretend für die Hilfeeinwirkung.

Der Hund soll freudig und aufmerksam allen Befehlen folgen. Das kann nur gelingen, wenn der Hund mehr Lob als Strafe erfährt und demzufolge nicht aus Angst, sondern mit Freude seinem Führer folgt.

Auf dem Übungsplatz

Mit diesem „Aufbaukurs" sollte man bei allem Ehrgeiz nicht zu früh beginnen. Im Junghundalter soll auf dem Übungsplatz nur das geübt werden, was zur Erziehung gehört. Frei- und Klettersprünge sind noch verboten, weil Bänder und Gelenke noch nicht genügend gefestigt sind. Eine kürzere Spur, von Herrchen selbst gelegt und am Schluß mit Leckerbissen „versüßt", kann der Junghund zum Angewöhnen bereits ausarbeiten.

Beim Schutzdienst dagegen hat er noch nichts zu suchen. Er ist insbesondere während der Pubertät im Wesen noch nicht genügend gefestigt. Allzu leicht erzieht man so einen Hund, der nur den Ärmel des Scheintäters beißt, oder – was noch schlimmer wäre – der bei jeder Gelegenheit „vorsichtshalber" gleich zuschnappt. Zuverlässige Schutzhunde sind beide nicht: Der erste versagt im Ernstfall, der zweite gleicht einem geladenen, entsicherten Revolver.

Mit dem Schutzdienst darf daher frühestens im Alter von einem Jahr unter Anleitung eines erfahrenen Helfers begonnen werden. Die früher so beliebten Übungen „Gegenstand bewachen“ und „Futter verweigern“ sollten vergessen werden. Dabei werden die Hunde unnötig zu einer unnatürlichen Schärfe gereizt.

Leistungsprüfungen

Für den Anfang muß der Hundehalter prüfen, ob er Geduld, Zeit und Ausdauer mitbringt, diese Ausbildung auch abzuschließen. Für den Hausgebrauch genügt es, den Hund unter Verzicht auf Fährtenarbeit und Schutzdienst zum verkehrssicheren Begleithund auszubilden. Dafür gibt es ein Diplom „BH“; es ist Vorbedingung für alle weiteren Prüfungen. Vorstufe der vollgültigen Prüfungen ist die „Schutzhundprüfung A“ (SchHA). Der Anfänger hat Grundkenntnisse in der Unterordnung und im Schutzdienst nachgewiesen.

Der Hundefreund sollte sie erst dann ins Auge fassen, wenn er Interesse und Freude am Hundesport gewonnen hat. Die Ausbildung wird mit Schutzhundprüfungen in drei Schwierigkeitsstufen abgeschlossen. Für die erste, SchH I, muß der Hund mindestens 18 Monate alt sein, SchH II darf mit 19 und SchH III mit 20 Monaten abgelegt werden. Vergleichbare Anforderungen stellt die Internationale

Schäferhund auf „Fährte“

Prüfungsordnung mit den Ausbildungskennzeichen IP 1 bis 3. Besonders gute Suchhunde, die SchH I hestanden haben und 20 Monate alt sind, können mit einer schwierigen Fährtenarbeit das Ausbildungskennzeichen als Fährtenhund (FH) erwerben. Eine Prüfungsordnung legt genau fest, welche Leistungen zu erbringen sind. Sie werden nach einem Punktsystem mit „vorzüglich" bis „ungenügend" bewertet.

Die Prüfungen werden von den einzelnen Ortsgruppen organisiert und von erfahrenen Leistungsrichtern abgenommen. Sie beurteilen zunächst einmal das Wesen des Prüflings. Er muß sich frei und selbstbewußt zeigen und darf nicht nervös oder aggressiv reagieren. Die besten Schutzhund-III-Hunde und ihre Führer messen ihre Fähigkeiten auf Landesgruppenebene. Die Allerbesten schließlich treffen einmal jährlich zur Bundessieger-Prüfung aufeinander. Parallel ermitteln die Diensthundeführer der verschiedenen Verwaltungszweige ihren Sieger nach einer speziellen Diensthunde-Prüfungsordnung (DPO).

Jährlich werden allein vom SV etwa 10 000 Leistungsprüfungen für

Rettungshundestaffel – gute Ausbildung kann Leben retten

fast 30 000 Hunde durchgeführt. Etwa acht von zehn Prüflingen bestehen ihr Examen. Auf der Siegerprüfung messen sich jährlich an die hundert Teilnehmer. Die Besten erreichen nicht selten 299 von 300 möglichen Punkten: „vorzüglich“.

Wenn auch das Gros der Deutschen Schäferhunde als Wach- und Schutzhunde verwendet wird und wenn es bei uns auch immer weniger Schafe gibt, so ist doch der Herdengebrauchshund nicht vergessen. Auch für ihn gibt es ein besonderes Ausbildungskennzeichen: „HGH“. 1995 wurden immerhin noch 21 Leistungshüten durchgeführt, auf denen 165 Schäferhunde ihre Passion unter Beweis stellten.

Ein Test der körperlichen Leistungsfähigkeit ist die Ausdauer-Prüfung (AD): 20 km Laufen am Fahrrad mit einer Pause und anschließenden leichten Unterordnungsübungen. Nur ausdauergeprüfte Hunde werden angekört. Ohne züchterische Bedeutung, aber mit viel Spaß für Hund und Herrn oder Dame verbunden sind „Agility“-Prüfungen: Die Bewältigung eines Hindernis-Parcours fasziniert immer mehr Freunde verschiedenster Rassehunde. Um den Ernstfall sorgen sich engagierte Hundehalter, die – gefördert durch den SV – ihre Schäferhunde zu Rettungshunden ausbilden und ihre Tauglichkeit prüfen lassen.

Alle Prüfungen verlangen von den Hunden Leistungen, die nur bei regelmäßigem körperlichen Training erbracht werden können. Da der Besitzer all das mitmachen muß, kann man auch bei ihm durchaus von einer sportlichen Betätigung reden. Dementsprechend erhalten Hundeführer, die eine bestimmte Anzahl von Prüfungen mit ihren Hunden bestanden haben, als Anerkennung ihres Vereins das Hundeführer-Sportabzeichen in Bronze, Silber, Gold oder schließlich „das Große“. Diese Anerkennung gibt’s nicht allein für fleißig gesammelte Punkte, der Aspirant muß seine eigene Sportlichkeit bei einem 10-km-Marsch (mit Hund natürlich) unter Beweis stellen.

Praxis und Paragraphen

Die **Haftpflicht** ergibt sich aus § 833 des Bürgerlichen Gesetzbuches. Der Hundehalter ist zum Schadenersatz verpflichtet, wenn sein Hund Personen verletzt oder Sachen beschädigt. Das gilt selbst dann, wenn der Hundehalter die erforderliche Sorgfalt beachtet hat, es sei denn, der Hund diene seinem Beruf.

„Tierhalter" ist in der Regel der Hundebesitzer, auch wenn er seine Freundin mit dem Hund „Gassi gehen" läßt oder den Hund übers Wochenende bei Bekannten in Pflege gibt.

Erst, wenn ein anderer die Aufsicht durch Vertrag übernimmt, haftet dieser „Tieraufseher" für Schäden (§ 834 BGB). Das gilt zum Beispiel für eine gewerbliche Hundepension, in der Hasso seinen Urlaub verbringen muß, oder für den Ausbilder, der ihm gegen Entgelt das beibringen soll, was er eigentlich schon bei Herrchen hätte lernen müssen.

Das Risiko der Hundehaltung ist mit der Privat-Haftpflichtversicherung des Besitzers nicht abgedeckt. Deshalb muß eine Hundehalter-Haftpflichtversicherung abgeschlossen werden, sobald der Hund ins Haus kommt. Denn Regreßansprüche entstehen nicht nur aus Bißvorfällen, Hunde können auch folgenschwere Unfälle verursachen.

Für den Schadensfall sei dringend geraten, sich mit dem Geschädigten nicht in fruchtlose Diskussionen einzulassen. Der Hund mag sich durchaus verhaltensgerecht verhalten haben. An der Haftpflicht ändert das nichts. Der Geschädigte aber könnte annehmen, man wolle sich seiner Schadensersatzpflicht entziehen, und mit einer Anzeige wegen fahrlässiger Körperverletzung reagieren. Eine solche Anzeige ist am ehesten zu vermeiden, wenn man sich so verhält, wie Versicherungen es in Schadensfällen empfehlen: Keine Stellungnahme zur Schuldfrage; statt dessen: „Es tut mir leid, ich werde die Angelegenheit umgehend meiner Versicherung melden!"

Die **Hundesteuer** soll als „Abwehrsteuer" eine übermäßige Hundehaltung eindämmen. Ihren vorgeblichen Zweck hat diese Steuer wohl nie erfüllt. Jedenfalls gibt es heute in den Großstädten trotz zum Teil belastend hoher Steuern mehr Hunde denn je. Dabei werden „Zweithunde" oft noch drastischer besteuert als ihre allein lebenden Artgenossen.

Ermäßigungen gibt es unter bestimmten Voraussetzungen für Wachhunde und für eingetragene Zuchthunde, deren Besitzer als Mitglied einer Züchtervereinigung pauschal eine „Zwingersteuer" entrichten.

Die Hundesteuer gehört zu den Gemeindesteuern. Sie beschert den Gemeinden jährlich über 100 Millionen Mark. Allgemeingültige Angaben über den Zeitpunkt, zu dem die Steuerpflicht einsetzt, die Höhe der Steuer und andere Einzelheiten können nicht gemacht werden, da die Gemeinden unterschiedliche Abgabenordnungen haben. Nicht fristgerechte oder unterlassene Anmeldung kann jedoch überall als Abgabenhinterziehung mit Bußgeld geahndet werden. Dabei wird es nichts nutzen, zähneknirschend den Sinn dieser Steuer anzuzweifeln.

Der Hinweis auf die von der Stadtreinigung übersehenen Hundehaufen

Der Wächter über Haus und Hof

verfängt nicht. Der Hundehalter selbst ist zur Beseitigung dieser „Ärgernisse“ verpflichtet, wenn er sich nicht ein zweites Verfahren wegen „unerlaubter Sondernutzung öffentlichen Grundes“ einhandeln will.

Das **Mietrecht** gibt keine generelle Antwort auf die Frage, ob Hunde gehalten werden dürfen. In solchen Fällen pflegt Justitia „nach Lage des Einzelfalles“ zu entscheiden. Dabei ist maßgeblich, ob durch die Tierhaltung eine Beeinträchtigung der Mietsache – sprich: Schäden an der Wohnung – oder eine Belästigung anderer Mieter zu erwarten ist. Darin sind sich im Prinzip die Vertreter von Vermietern und Mietern einig. Es empfiehlt sich nicht, mit dem Anspruch auf Hundehaltung vor Gericht zu gehen, wenn der Vermieter „Nein“ und die Mitmieter „aber“ sagen. Maßgeblich ist in jedem Fall der Mietvertrag. Sofern darin das Verbot einer Tierhaltung enthalten ist, muß die nachträgliche Zustimmung des Vermieters eingeholt werden. Mitunter hilft es, ihm Unterschriften einverstandener Mitbewohner vorzulegen.

Die öffentliche Sicherheit und Ordnung wird durch Landesgesetze geschützt. Zur Abwendung bevorstehender Gefahren können die Behörden Auflagen zur Hundehaltung erteilen. Der Hundehalter hat sich so zu verhalten, daß niemand belästigt oder geschädigt wird. Hunde ohne Appell müssen angeleint werden, bissige Hunde einen Maulkorb tragen. Ruhestörendes Gebell ist ebenso verboten wie das Anbellen von Fahrzeugen. Die Grundstücke müssen auf den vorgesehenen Gehwegen ohne Gefährdung betreten werden können, damit Briefträger und Gerichtsvollzieher ihres Amtes walten können. Jeder verständige Hundehalter sieht ein, daß Regeln wie diese für ein gedeihliches Zusammenleben unerläßlich sind.

Erwünschte und unerwünschte Besucher sollten bereits an der Gartenpforte darauf hingewiesen werden, daß ein Deutscher Schäferhund Haus und Hof bewacht. Aber bitte nicht durch ein Schild „Vorsicht – bissiger Hund“. Das Eingeständnis, der Hund sei bissig, kann fatale rechtliche Folgen haben. Vermutlich ist er ja auch nicht „bissig“, sondern verteidigt bestimmungsgemäß sein Revier. Sache des Hundehalters ist es, die Wachsamkeit des Hundes in die richtigen Bahnen zu lenken, die Gerechten zu schützen und die Ungerechten abzuschrecken. Dazu genügt ein Schild „Vorsicht – Wachhund“, gegebenenfalls mit der Abbildung eines Schäferhundes.

Die **Straßenverkehrsordnung** schreibt vor, daß Haustiere von der Straße fernzuhalten sind, wenn sie den Verkehr gefährden können (§ 28). Ein frei umherlaufender Hund ist stets eine Gefahr. Vorsichtshalber sollte auch der ausgebildete Schäferhund trotz guten Appells angeleint werden.

Verkehrssicherheit kann und muß mit Hunden geübt werden. Schon der Junghund ist schrittweise und mit gutem Zureden an Straßengewühl und Verkehrslärm zu gewöhnen. Er wird an parkenden Fahrzeugen vorbeigeführt und spürt: Die tun nichts. Hilfspersonen schlagen in seiner Nähe Autotüren zu, und der Hundeführer beruhigt ihn: „Dir passiert nichts." Irrt er jedoch vom Gehweg auf die Fahrbahn ab, versetze man ihm beim Vorbeifahren eines Fahrzeuges mit der Leine einen Ruck, der ihn auf den Pfad der Tugend zurückwirbelt, um ihn im gleichen Moment wie einen verlorenen Sohn zu loben. Aha – merkt unser Hund –, fahrende Autos auf der Straße „beißen", bei Herrchen auf dem Gehweg bin ich geborgen. Die StVO gestattet ausdrücklich, daß Hunde von Fahrrädern aus geführt werden (§ 28). Der Hund läuft aus Sicherheitsgründen stets rechts, so daß der Radfahrer ihn gegen den fließenden Verkehr abschirmt. Auf keinen Fall darf die Leine am Fahrrad angebunden werden. Der Ausflug könnte sonst zu einem Himmelfahrtskommando werden. Am besten lenkt man das Fahrrad mit der linken Hand und hält die Leine in der rechten. Man beobachtet nicht nur das Geschehen ringsum, sondern auch den Hund. Er soll weder zurückhängen, noch vorpre-

Fahrradausflug über Stock und Stein

schen. Dabei wirkt man mit leichtem Leinenzug und je nach Lage energischen oder beruhigenden Worten dauernd auf ihn ein.

Das **Tierschutzgesetz** soll „aus der Verantwortung des Menschen für das Tier als Mitgeschöpf dessen Leben und Wohlbefinden schützen" (§ 1). Auf unserem Fahrradausflug begegnen wir vielleicht der Kritik eines wohlmeinenden Tierschützers. Wir erklären ihm, daß dieser Ausflug ausschließlich dem Wohlbefinden des Hundes dient und ihm keine Leistungen abverlangt, die seine Kräfte übersteigen. Denn an dieses Verbot des § 3 wird er gedacht haben. Wir aber folgen dem Gebot des § 2 und tragen dem artgemäßen Bewegungsbedürfnis des Lauftieres Hund genügend Rechnung.

Die Voraussetzungen für eine verhaltensgerechte Unterbringung im Sinne des § 2 sind in der „Verordnung über das Halten von Hunden im Freien" präzisiert: „Anbindehaltung" ist nur an einem mindestens 6 m langen Laufseil gestattet, an dem eine nicht zu schwere, mit zwei Drehwirbeln versehene Kette freigleitend befestigt ist. Die Kette muß so lang sein, daß der Hund einen seitlichen Bewegungsspielraum von mindestens 5 m hat.

Ein Zwinger muß mindestens 6 m^2 Grundfläche haben und dem Hund an mindestens einer Seite die Sicht nach außen ermöglichen. Flüssigkeit muß im Boden versickern oder abfließen. Eine wärmedämmende Liegefläche und ein schattiges Plätzchen dienen der Gesundheitsvorsorge. Im Zwinger dürfen Hunde nicht angebunden werden. Das ist auch nicht erforderlich, denn die Einfriedung muß so beschaffen sein, daß der Hund sie nicht überwinden kann. Verletzungsgefahren sind auszuschließen. In jedem Fall muß bei der Haltung im Freien eine zugluftsichere und feuchtigkeitsdichte Hütte bereitstehen, in welcher der Hund sich verhaltensgerecht bewegen kann. Sie darf aber nicht so groß sein, daß er sie nicht durch die eigene Körpertemperatur warmhalten kann. Daß für Einstreu, Sauberkeit. Ungezieferfreiheit und ständig für frisches Wasser gesorgt wird und daß mindestens einmal täglich Hund und Einrichtungen kontrolliert werden, versteht sich von selbst.

Ebenso selbstverständlich ist das Verbot, ein Tier auszusetzen, um sich seiner zu entledigen. Das kommt besonders in Urlaubszeiten bedauerlicherweise immer wieder vor und ist leider selten zu beweisen.

Mit der Ausbildung dürfen keine erheblichen Schmerzen, Leiden oder Schäden verbunden sein. Das ist auch gar nicht nötig: Bei sachgerechter Ausbildung reichen „geringfügige" Einwirkungen zur rechten Zeit völlig aus. Zu Filmaufnahmen, Schaustellungen oder Werbeveranstaltungen dürfen Tiere nur herangezogen werden, wenn damit überhaupt keine auch nur unerheblichen Beeinträchtigungen verbunden sind.

Das Verbot, ein Tier an einem anderen lebenden Tier auf Schärfe abzurichten oder zu prüfen oder auf ein anderes Tier zu hetzen, betrifft eher Jagdhunde als den Deutschen Schäferhund. Wir bedenken, daß die Naturschärfe unseres Schäferhundes sich nicht gegen andere Tiere wie kleinere Hunde oder Katzen richten darf.

Das **Tierseuchengesetz** regelt unter anderem die Bekämpfung der Tollwut. Beim Auftreten dieser Seuche werden „gefährdete Bezirke" gebildet, die durch Hinweisschilder kenntlich gemacht werden. Hier müssen Hunde an der Leine geführt werden. Falls nur Wildtollwut festgestellt wurde, kann in Wohngebieten der Leinenzwang gelockert werden. Besteht der Verdacht, daß sich ein Hund mit Tollwut angesteckt hat, muß der Besitzer ihn sicher einsperren und den Amtstierarzt benachrichtigen. Bestätigt sich der Verdacht, so ist der Hund zu töten, falls er nicht mindestens vier Wochen und höchstens zwölf Monate vor dem Kontakt geimpft wurde.

Zu Hundeausstellungen und ähnlichen Veranstaltungen werden nur gegen Tollwut geimpfte Hunde zugelassen.

Das **Jagdgesetz** und die Jäger sind vielen Hundehaltern ein Dorn im Auge. Der eine oder andere Jäger mag zwar durch wahllosen Abschuß frei umherlaufender Hunde zu dieser Aversion beigetragen haben, er repräsentiert jedoch nicht die Jägerschaft schlechthin.

Der Hundehalter hat zu bedenken, daß seine Fürsorge als Tierfreund auch dem Wild gelten muß. Unser Deutscher Schäferhund gehört also in Wald und Flur an die Leine. Nur Hunde mit sicherem Appell dürfen frei laufen, dabei aber nicht vom Wege abweichen. Immer muß erkennbar sein, daß sie sicher unter der Einwirkung ihrer Aufsichtsperson stehen.

Immer dabei – Freizeit und Reisen

Der Hundefreund teilt den größten Teil seiner Freizeit mit seinem Hund. Spaziergänge, Fahrradtouren, Spielen und Üben bei Wind und Wetter halten Herrn und Hund gesund. Der Hund hat gelernt, allein im Haus zu bleiben, wenn eine Einladung von Freunden oder ein Theaterbesuch das erforderlich machen. Bei Festlichkeiten im eigenen Haus wird auf das feine Gehör des Hundes Rücksicht genommen. Ihm wird ein ruhiges Plätzchen in der Wohnung oder in seinem Zwinger zugewiesen. Das Silvesterfeuerwerk wird nicht in unmittelbarer Nähe des Hundes abgebrannt. Ein fehlgeleiteter Kracher könnte ihn verletzen und auf schmerzhafte Weise seine Schußfestigkeit ein für alle Mal zunichte machen.

Dies alles sind für den Hundefreund kaum nennenswerte Einschränkungen seiner Freizeitmöglichkeiten. Nur einmal im Jahr wird die Frage kritischer gestellt: zur Urlaubszeit.

Bei der **Urlaubsplanung** sind zunächst die Erwartungen der Familie zu prüfen. Wer eine Besichtigungsreise von Ort zu Ort machen will, eine Kreuzfahrt unternehmen möchte oder sich auf bestimmte Reiseländer wie Großbritannien oder Irland festgelegt hat, muß den Hund zu Hause lassen. Das ist kein Problem, wenn eine vertraute Person Haus und Hund hütet. Die zweitbeste Lösung ist die Unterbringung bei einem Hundefreund der Familie, vielleicht einem Vereinskameraden oder dem Züchter, bei denen der Hund unter Hunden ist und sachgerecht versorgt wird. Ist auch das nicht möglich, muß rechtzeitig eine Hundepension ausfindig gemacht werden. Briefkontakt auf Inserate genügt hier nicht. Nur der eigene Augenschein kann Gewißheit geben, daß unser Hund gut untergebracht sein wird. Aber auch bei bestem Willen ist es dem Pensionswirt unmöglich, sich mit allen Hunden eingehend zu beschäftigen. Gerade das aber braucht unser Deutscher Schäferhund in besonderem Maße. Deshalb sollte der Reiselustige seine Urlaubsplanungen noch einmal von vorn beginnen mit dem im Titel anvisierten Ziel: Immer dabei.

Möglichkeiten für einen Urlaub mit Hund gibt es genug. Viele Hotels, Pensionen und Privatvermieter nehmen auch Hunde auf und machen durch Anzeigen in den Rassehundzeitschriften, so auch in der SV-Zeitung, auf sich aufmerksam. Am si-

Rast über dem Rheintal

chersten ist eine rechtzeitige Anfrage, ob eine Familie mit Schäferhund willkommen ist. Auf vielen Campingplätzen dürfen Hunde gehalten werden. Informationen enthalten die Campingführer des DCC oder des ADAC. Die meisten Seebäder haben einen Teil des Strandes für Besucher mit Hunden reserviert. Kurverwaltungen oder Verkehrsvereine geben darüber gern Auskunft.

Die **„Reisekrankheit“** – eine Störung des Gleichgewichtssinnes – wird beim Hund häufig noch durch die verbrauchte Luft im Auto verstärkt. Grundsätzlich hat der Hund die Reise mit leerem Magen anzutreten. Neigt er trotzdem zur Reisekrankheit, erhält er spätestens eine halbe Stunde vor Antritt der Fahrt eine Tablette, die man sich vorsorglich vom Tierarzt hat verordnen lassen.

Autofahren: Wenn die Rücksitze nicht von Familienangehörigen besetzt sind, findet der Hund dort seinen Platz. Auf dem Beifahrersitz bestünde die Gefahr, daß der Hund bei scharfem Bremsen durch die Windschutzscheibe fliegt. Im Fußraum würde er leicht mit dem Fahrer in Konflikt geraten und ihn beim Gasgeben oder Bremsen behindern. Außerdem befinden sich dort Heizungsöffnungen. Die austretende Luft könnte die Schleimhäute des Hundes austrocknen. Das Frischluftbedürfnis des Hundes soll auf keinen Fall durch Öffnen der Seitenfenster befriedigt werden. Der Hund würde den Kopf in den Fahrwind halten und eine Augenentzündung davontragen. Am besten läßt sich der Schäferhund mit einem Kombi transportieren. Auf die Ladefläche kommt die „Hundedecke“, ein Netz oder Gitter zum Fahrgastraum verhindert, daß der Hund beim Bremsen nach vorn fliegt. Solche Gitter dürfen allerdings nicht fest eingebaut sein. Die Betriebserlaubnis des Autos würde dadurch erlöschen. Klemmvorrichtungen dagegen brauchen nicht vom TÜV abgenommen zu werden. Geradezu ideale Hundeautos sind die modernen fünftürigen Limousinen mit variablem Gepäckraum.

Im Sommer darf der Hund nie bei praller Sonne im geparkten Auto gelassen werden, denn hier können selbst bei spaltweise geöffneten Fenstern Temperaturen von 50 °C und höher auftreten. Der Hund kann nur durch die beim Hecheln entstehende Verdunstungskälte seine Körpertemperatur senken. Sobald die Schleimhäute trocken werden, setzt das Wärmeregulierungsvermögen aus. Atemnot stellt sich ein, und der Hund erleidet einen Hitzschlag, häufig mit Todesfolge.

Die Bahn befördert Hunde zum Kinderfahrpreis. Andere Reisende dürfen nicht belästigt werden. Bei einem großen Hund wie dem unseren wird dies eher der Fall sein als bei

Auch in tropischer Natur kann sich ein Deutscher Schäferhund zuhause fühlen

einem kleinen. Gute Erziehung zahlt sich also aus, denn sonst müßte der Hund im Gepäckraum mitreisen. In den Schlafwagen kann man Hunde nur mitnehmen, wenn man das ganze Abteil belegt hat.

Im **Flugzeug** müssen große Hunde grundsätzlich im Frachtraum reisen. Hier herrschen aber die gleichen Temperaturen und Druckbedingungen wie in der Passagierkabine. Einen geeigneten leichten Transportkäfig erwirbt man bei der Fluggesellschaft. Hunde überstehen selbst längere Reisen im Flugzeug erstaunlich gut. Der Hund hindert uns also nicht an einer Flugreise. Bei Charterflügen werden allerdings in der Regel keine Hunde mitgenommen, denn die Frachträume sind durch das Urlaubsgepäck bis zur Luke gefüllt. Flugpauschalreisen kommen also nur in Frage, wenn eine passende Linienverbindung zum Zielflughafen besteht und der Hund gesondert als „Frachtgut" reisen kann.

Auslandsreisen sind mit Ausnahme weniger, bereits erwähnter Länder auch mit Hunden möglich. Die Einreisevorschriften sind von Land zu Land unterschiedlich und können sich kurzfristig ändern. Am besten informiert man sich spätestens vier Wochen, bei Überseereisen besser drei Monate vor Reiseantritt beim Konsulat des Bestimmungslandes oder beim Veterinäramt. Auch praktizierende Tierärzte, Automobil-Clubs, Fluggesellschaften oder Reisebüros erteilen Auskünfte. Auf jeden Fall ist, auch für die Wiedereinreise in die Bundesrepublik Deutschland, eine Tollwutschutzimpfung erforderlich, die mindestens 30 Tage und höchstens 12 Monate zurückliegt.

Es ist weder erforderlich noch sinnvoll, die Ahnentafel mitzunehmen. Sie ließe sich bei einem Verlust viel schwerer ersetzen als der Impfpaß.

Ernährung

Die wildlebenden Ahnen unseres Hundes waren Jäger. Sie verzehrten ihre Beute mit Haut und Haar. Bevorzugte Leckerbissen waren die Innereien. Magen und Darm ihrer Beutetiere enthielten auch vorverdaute Pflanzen und wichtige Vitamine. Wölfe und Wildhunde fraßen also nicht nur Fleisch.

Genauer wäre die Bezeichnung „Tierfresser". Aus Untersuchungen des Mageninhaltes wissen wir, daß darüber hinaus praktisch alles auf dem Speisezettel stand, was die Natur bot: Früchte, Samen und Gräser, Frösche und Schlangen, selbst Insekten wurden verzehrt. Nur so konnten der Hunger gestillt und genügend Vitamine und Mineralstoffe aufgenommen werden.

Angemessene artgemäße Nahrung hat der Hundehalter seinem Hund nach dem Tierschutzgesetz anzubieten. Unkenntnis und falsch verstandene Tierliebe können leicht zu Tierquälerei führen: Der Hund ist kein Resteverwerter. Mit Süßigkeiten ist ihm nicht gedient. Falsche Ernährung kann Fettsucht, innere Erkrankungen oder Hautkrankheiten

Gesunder Schlaf

verursachen. „Angemessen“ ist nur eine gesunderhaltende Nahrung. Die Freßgewohnheiten der Wildtiere zeigen, wie das Futter zusammengesetzt sein muß:

Fleisch ist die Ernährungsgrundlage. Es enthält neben Salzen, Geschmacksstoffen und Vitaminen vor allem Eiweiß. Reines Muskelfleisch oder Herz kann ebenso wie ausschließlich minderwertige sehnige, häutige oder knorpelige Teile zu Verdauungsstörungen führen. „Artgemäß“ ist eine aus leichter und schwerer verdaulichen Bestandteilen gemischte Fleischgrundlage. Dazu gehört auch tierisches Fett. Es dient als Energiequelle.

Pflanzen enthalten neben Eiweiß, Vitaminen und Mineralstoffen vor allem Stärke und Zucker. Diese Kohlehydrate liefern ebenfalls Energie. Sie muß aber bei den meisten Nährmitteln durch Erhitzung „aufgeschlossen“, das heißt verdaulich gemacht werden. Für Sättigung, Darmfüllung und geregelte Verdauung sorgen unverdauliche Rohfasern, die vor allem in Rohkost, aber auch in Hundeflocken, weniger jedoch in gekochtem Reis enthalten sind. Ungesättigte Fettsäuren aus Pflanzenölen sind vor allem für gesunde Haut und glänzendes Fell wichtig.

Für den gesunden Hund ist eine Ergänzung der Fleischgrundlage durch aufgeschlossene rohfaserhaltige Pflanzenkost das Richtige.

Eine vielseitig zusammengesetzte Nahrung enthält auch Vitamine. Das sind Wirkstoffe, die für Stoffwechselprozesse wie Blutgerinnung, Nervenfunktion oder Infektabwehr benötigt werden, die der Körper jedoch selbst nicht selbst produzieren kann. Mineralstoffe und Spurenelemente sind nicht nur für den Knochenbau, sondern auch für viele andere Stoffwechselprozesse unerläßlich.

Eine Wissenschaft für sich?

Erhaltungs- und Leistungsbedarf, Nährwerttabellen, Kalorien und Joule – das ist schon eine Wissenschaft für sich. Zum besseren Verständnis genügen folgende Überlegungen:

Der Körper des erwachsenen Hundes befindet sich in einem dauernden Umbau. Zur Erhaltung der Körpersubstanz sind daher Eiweißbausteine erforderlich, für die damit verbundenen Stoffwechselvorgänge Energielieferanten, Vitamine und Mineralstoffe. Das Futter soll in der Trockenmasse mindestens ein Drittel Eiweiß und fünf Prozent Fett und höchstens die Hälfte Kohlehydrate enthalten.

Welpen und Junghunde brauchen für ihr Wachstum mehr Nahrung als gleich schwere erwachsene Hunde: bis zum sechsten Monat etwa doppelt soviel und dann immerhin noch fünfzig Prozent mehr. Ihr Futter soll zu zwei Dritteln, später mindestens zur

Hälfte aus Fleisch und anderen Eiweißstoffen bestehen.

Diese Richtwerte gelten nur bei normaler Belastung. Besondere Leistungen erfordern eine Zulage. Als Fleischfresser kann der Hund zwar auch aus Eiweiß Energie gewinnen, die Ausbeute ist jedoch gering (und teuer). Zugelegt werden daher kohlehydrathaltige Futtermittel. Erhaltungs- und Leistungsbedarf sind praktisch nicht zu trennen. Bei Dauerbelastung kann bis zu viermal mehr Energie als bei Ruhe verbraucht werden.

Die wichtigsten Grundregeln

Die Futterration kann nicht mit der Briefwaage abgemessen werden. Neben Alter und Leistung ist die individuelle Veranlagung des Hundes ausschlaggebend. Es gibt gute und schlechte Futterverwerter.

Ein normal veranlagter, durchschnittlich beanspruchter erwachsener Schäferhund braucht täglich etwa 900 g Fleisch mit 250 g Flocken. Den gleichen Nährwert haben 2000 g Dosen-Vollnahrung oder 450 g Trockenfutter. Bei einem gesunden, gut ernährten Hund sollen die Rippen optisch nicht hervortreten, mit der flachen Hand aber noch fühlbar sein. So kann man „erfühlen“, ob etwas Futter zugelegt oder abgezogen werden muß.

Junghunde können die tägliche Futtermenge unmöglich auf einmal aufnehmen. Eine Magenüberladung wäre die Folge. Knochen, Bänder und Gelenke würden zu stark belastet und bleibende Schäden davontragen. Immerhin braucht ein halberwachsener, 18 bis 20 kg schwerer Schäferhund bereits genausoviel Futter wie sein ausgewachsener Artgenosse.

Die Ernährung der Welpen erfolgt zunächst genau so, wie der Züchter es gehandhabt und dem Käufer empfohlen hat. Umstellungsbedingte Verdauungsstörungen werden so vermieden. Dem Welpen wird die Eingewöhnung erleichtert. Bis zum Abschluß des Zahnwechsels mit etwa sechs Monaten erhält der Junghund täglich drei, später bis zum Abschluß des Wachstums mit etwa eineinhalb Jahren zwei Mahlzeiten täglich. Der Junghund darf zunächst noch etwas „Babyspeck“ haben. Er hilft Krankheiten besser zu überstehen. Mangelernährung in der Jugend ist kaum wiedergutzumachen.

Fresser werden nicht geboren, sondern erzogen: Der erwachsene Hund erhält täglich eine Mahlzeit. Was in einer Viertelstunde nicht aufgefressen ist, gehört in den Mülleimer. Wichtig ist eine regelmäßige, feste Futterzeit, weniger wichtig, ob dies morgens, mittags oder abends ist. Stets soll jedoch der Hund nach dem Fressen ruhen, so wie es auch

Wildtiere nach ergiebigem Mahl zu tun pflegen. Bei „Sport und Spiel" besteht die Gefahr, daß sich ein gefüllter Magen verdreht – eine lebensgefährliche Situation.

Das Futter soll vielseitig sein, damit es alle benötigten Nährstoffe enthält. Der Hund braucht aber keine Geschmacksabwechslung. Er kann durchaus dauernd das gleiche Futter erhalten, wenn dies optimal zusammengesetzt ist.

Fertigfutter – sicher, bequem und preiswert

Die Vorurteile gegen Fertigfutter sind überholt. Es entspricht in Eiweißanteil und sonstigen Inhaltsstoffen den wissenschaftlichen Erkenntnissen. Durch moderne Konservierungsverfahren werden Vitamine weniger geschädigt als durch haushaltsübliches Kochen. Krankheitserreger im Fleisch werden bei der Her-

Auf Erkundung

stellung abgetötet. Ein weiterer Vorteil ist die praktische Vorratshaltung. Auf Reisen ist Fertigfutter die einfachste Futterlösung. Es ist nicht teurer als selbst zubereitetes Futter. Gegen Fertigfutter gibt es eigentlich nur einen Einwand: Artgemäßerweise frißt der Hund Rohes, nicht aber Gekochtes. Der Einwand ist jedoch ernährungsphysiologisch nicht zu belegen.

Dosenfutter enthält reichlich Eiweiß. Das Etikett muß genau gelesen werden: „Vollnahrung" enthält bereits pflanzliche Futtermittel und ist futterfertig. Zu „Fleischnahrung" müssen noch Flocken, Reis oder Gemüse zugemischt werden. Als vermeintlicher Nachteil werden vielfach die großen Kotmengen nach Verfütterung von Dosenfutter empfunden. Sie sind Folge des Rohfaseranteils und der damit verbundenen guten Darmfüllung.

Fertigfuttermischungen aus Trockenfleisch und Nährmitteln werden mit warmem Wasser oder Brühe dickbreiig angerührt – eine unproblematische Futterzubereitung.

Trockenfutter in Keks- oder Ringform und Hundekuchen enthalten fünfmal weniger Wasser als normal feuchtes Futter. In einem Extranapf muß daher unbedingt Wasser angeboten werden. 200 g Trockenfutter haben etwa den gleichen Nährwert wie eine 850-g-Dose Vollnahrung oder 400 g Fleisch und 125 g Flocken. Zusätzliche „Leckerlis" sind Dickmacher!

Nicht jeder Hund mag oder verträgt jedes Fertigfutter. Ernährungsumstellungen sollten schrittweise über eine Woche erfolgen. Gewiß wird sich in dem vielfältigen Angebot auch für unseren Hund ein schmackhaftes, verträgliches und vollwertiges Erzeugnis finden.

Fertigfutter ist meist nach dem Bedarf erwachsener Hunde zusammengestellt. Junghunde erhalten daher als Eiweißzulage zusätzlich Fleisch oder Milcherzeugnisse oder aber gleich ein spezielles Welpen- oder Junior-Fertigfutter. Eine Zugabe von Vitaminen oder Futterkalk ist nicht nötig, da Fertigfutter all dies in der erforderlichen Menge enthält und Überdosierungen sogar schaden können. Auch für alte, geschwächte, kranke oder dickleibige Hunde gibt es spezielle, nach wissenschaftlichen Erkenntnissen zusammengestellte Erzeugnisse für eine jeweils optimale Ernährung.

Eigener Herd ...

Sehr viel schwieriger ist es, seinen Hund mit selbst zubereitetem Futter ausgewogen und risikolos zu ernähren. Man muß dazu einiges über Wert und Eigenschaften der Futtermittel wissen und bedenken.

Fleisch ist die Futtergrundlage. Rinderpansen und Blättermagen, Herz, Fleischabschnitte, Maulfleisch

Der kleine Lederhosenmann und sein großer Freund

oder Schlund sind ein fast vollwertiger Ersatz für das teurere Muskelfleisch. Euter, Lunge und „Schweineringel“ sind nur bedingt und in kleinen Mengen geeignet. Besonders wertvoll ist „grüner“ Pansen: Der rohe, ungereinigte Rindermagen enthält bereits vorverdaute Pflanzenteile und Vitamine, die aus den Pflanzen stammen oder im Pansen gebildet wurden. Haltbarer und weniger duftend ist der gereinigte und gebrühte „weiße“ Pansen. Rohe Leber und rohe Milz haben eine abführende Wirkung und dürfen daher – je nach Kotbeschaffenheit – nur in kleinen Mengen zugegeben werden. Geflügelinnereien und Schweinefleisch sollten stets gekocht werden. Sie könnten sonst Durchfall verursachen oder die gefürchtete Aujeszkysche Krankheit übertragen. Die Fleischgrundlage sollte stets aus verschiedenen Bestandteilen bestehen. Bei einseitiger Zusammensetzung, zum Beispiel ausschließlich Pansen, können Eiweißbausteine fehlen, die der Hund braucht.

Andere Eiweißquellen können das Futter vervollständigen. Hunde mit gesunder Leber und Niere dürfen gelegentlich unverdorbenen Fisch, frei von harten Gräten, fressen. Junghunde bis zum sechsten Monat können täglich eine mit Milch hergestellte Mahlzeit erhalten. Bei älteren

Junghunden muß Kuhmilch verdünnt werden. Erwachsene Hunde erhalten – wie in der Natur – keine Milch. Sie können den Milchzucker nicht verdauen. Der Darminhalt wird dadurch zu weich. Hauterkrankungen können die Folge sein. Besser als Kuhmilch sind Welpenmilch-Präparate, die auch von älteren Hunden vertragen werden. Auch rohes Eiklar kann der Hund nicht richtig verdauen. Rohes Eigelb ist dagegen vor allem für junge und kranke Hunde gesund und bekömmlich. Gekochte und gebratene Eier verträgt jeder Hund. Viele Hunde mögen auch Magerquark – eine wertvolle Ergänzung hochwertigen Eiweißes – besonders für Junghunde. Käse ist entgegen Vorurteilen nicht schädlich. Käserinden, Wurstpellen, Geräuchertes und Gewürztes gehören aber nicht in den Hundenapf.

Frisches Futterfleisch ist leicht verderblich und sollte auch bei Kühlung nicht länger als zwei Tage aufbewahrt werden, gekochtes hält sich ein bis zwei Tage länger. In der Gefriertruhe kann man Fleisch etwa drei Monate aufbewahren, zweckmäßigerweise in dicht schließenden Kunststoffbeuteln portionsweise verpackt.

Die Zubereitung des Futters erfordert nur geringen Aufwand. Da der Hund sein Futter nicht kaut, sondern schlingt, wird das Fleisch in maulgerechte Happen geschnitten, aber nicht wie Hackfleisch zerkleinert. Das frische oder aufgetaute Fleisch wird mit heißem Wasser angebrüht. So bleibt es innen roh, wird aber leicht erwärmt. Eiskaltes Futter ist Gift für den Hundemagen.

Als pflanzliche Ergänzung können gekochte Haferflocken, Graupen oder Reis zugegeben werden. Einfacher geht es mit „Hundeflocken“, einem Gemisch getoasteter und daher verdaulicher Getreideerzeugnisse mit ausreichendem Rohfasergehalt. Zwei Maß Flocken werden einem Maß Fleisch mit warmem Wasser zugemischt. Das Futter soll dickbreiig, nie suppig sein. Junghunde erhalten Flocken und Fleisch zu gleichen Raumteilen. Von Fall zu Fall sollen die Flocken ganz oder teilweise durch Gemüse ersetzt werden, das mit einer Gabel zerdrückt wird. Es schadet nichts, wenn Essenreste leicht gesalzen sind. Der Hund braucht Kochsalz für eine einwandfreie Nierentätigkeit. Hülsenfrüchte und Kohl gehören allerdings nicht ins Hundefutter. Sie sind schwer verdaulich und verursachen Blähungen.

Rohkost, insbesondere fein zerkleinerte Möhren und Äpfel, sind eine sättigende und vitaminreiche Futterergänzung. Auch gehackte Petersilie oder Kresse und frische Obst- und Gemüsesäfte können das Vitaminangebot vervollständigen.

Zur Versorgung mit ungesättigten Fettsäuren – wichtig zum Beispiel für

Rast an Herrchens Knie

Haut und Haar – kann dem Futter einmal wöchentlich ein Teelöffel Pflanzenöl zugesetzt werden. Auch eine Scheibe Brot mit Pflanzenmargarine ist eine vorzügliche Ergänzung, insbesondere gut durchgebackenes Roggenbrot. Brot soll aber nie eingeweicht werden.

Für den Junghund ist eine ausreichende Vitamin-D-Versorgung zur Verhütung der Knochenweiche (Rachitis) besonders wichtig. Überdosierungen sind aber schädlich. Anstelle des Lebertrans sollten daher genau dosierte Vitamin-D-Präparate nach tierärztlicher Verordnung gegeben werden. Bierhefe – Bestandteil vieler Hundeflocken – enthält auch B-Vitamine. Für den jungen Hund ist die Zufütterung von „Futterkalk“ für Wachstum und Knochenbau unerläßlich. Aber auch der erwachsene

Auf dem Agility-Parcours – Spaß für Hund und Publikum

Hund braucht eine Mineralstoffergänzung, weil selbst zubereitetes Futter nicht alle Stoffe in ausreichender Menge enthält. Speziel für den Bedarf des Hundes zusammengestellte Mittel sind besser und billiger als Kalktabletten für Menschen.

Knochen enthalten Mineralstoffe, sind aber schwer verdaulich und können hartnäckige Verstopfungen verursachen. Ihr Wert liegt vor allem in der Gebißpflege und der „Gymnastik" für die Kaumuskulatur. In Maßen können daher Hunde mit gesunden Zähnen Kalbs- oder Rinderknochen erhalten. Hundekuchen oder Kauknochen aus Büffelhaut erfüllen allerdings den gleichen Zweck. Ältere Tiere mit Verdauungsproblemen oder Zahnkrankheiten müssen auf Knochen verzichten. Harte Röhrenknochen, vor allem Geflügel, können splittern und Darmverletzungen verursachen. Kotelettknochen können in der Speiseröhre steckenbleiben. Sie gehören in den Mülleimer.

Fastentage müssen wildlebende Fleischfresser oft einlegen. Für Hunde mit Übergewicht ist ein Fastentag in der Woche ein probates Mittel zum Abnehmen. An den übrigen Tagen darf er sich einmal täglich sattfressen. Die fettarme Fleischgrundlage wird allerdings mit nährstoffarmer gekochter Lunge gestreckt, und statt Flocken gibt es Weizenkleie und Rohkost. Einfacher, aber teurer wird das Abnehmen mit Diät-Fertigfutter.

Diät ist auch bei vielen Darm-, Herz-, Leber- oder Nierenkrankheiten, bei Allergien oder zur Rekonvaleszenz hilfreich. In solchen Fällen sollte man auf tierärztlichen Rat ausgewogene Fertig-Diätfutter wählen.

Wasser, immer frisch und sauber, nie eiskalt, muß dem Hund ständig zur Verfügung stehen. Ein gesunder Hund trinkt zwar bei normal feuchtem Futter kaum, muß aber doch bei Hitze, nach Anstrengungen oder zu bestimmtem Futter seinen Durst löschen können. Ständig stark vermehrter Durst ohne erkennbaren Grund ist ein Krankheitszeichen.

Patentrezepte

Fragt man zehn Hundeexperten, erhält man sicher wenigstens neun „bewährte, für diese Rasse einzig richtige" Ernährungsanleitungen, von denen acht völlig richtig sind. Trotz aller Erfahrung und wissenschaftlicher Akribie gibt es gottlob viele Möglichkeiten, seinen Hund artgemäß und ausreichend zu ernähren.

Man muß nur die angeführten Ernährungsregeln mit etwas Verständnis beachten – sei es, daß man den sicheren und bequemen Weg wählt, Fertigfutter einzusetzen, oder sei es, daß man sich der Mühe unterzieht, das Futter unter Ausschluß gesundheitlicher Risiken so vollwertig wie möglich selbst zu bereiten.

Gesundheit

Vorbeugen ist besser als Heilen

Artgerechte Haltung, Pflege und Ernährung sind Voraussetzungen für die Gesundheit. Das seelische Wohlbefinden des Hundes ist so wichtig wie das körperliche. Der gesunde Hund nimmt aufmerksam und lebhaft Anteil an seiner Umgebung. Er ist kräftig und ausdauernd. In der Ruhe atmet er 10- bis 20mal, das Herz schlägt 70- bis 100mal in der Minute. Die Körpertemperatur liegt um 38,5 °C. Gesundheit ist nicht nur „Freisein von Krankheiten“, sie schließt auch Widerstandskraft gegen Infektionen ein.

Das Haarkleid schützt nicht nur gegen Wind und Wetter, es ist auch Zeichen von Gesundheit. Stumpfes Haar, ständiger Haarausfall und starker Geruch deuten auf innere Erkrankungen hin. Die Haut soll frei von Schuppen und Rötungen sein, kein Juckreiz soll den Hund plagen.

Flöhe, Läuse und Haarlinge kann auch der gepflegteste Hund von einer Hundebegegnung mitbringen. Bei Juckreiz wird als erstes die Haut auf Flohstiche – bis zu linsengroße, geschwollene Rötungen – und das Fell auf Parasitenkot – kleine schwarze Pünktchen – abgesucht. Lieblingssitze der ungebetenen Gäste sind die Innenflächen der Hinterbeine, die „Achselhöhlen“ und die Ohrmuscheln. Bei leichtem Befall genügt ein Flohpuder oder -spray. Wirksamer sind Waschlösungen, die das Fell bis auf die Haut benetzen, oder verschreibungspflichtige Mittel, die auf die Haut getropft werden und bis zu vier Wochen wirken. Das Ablecken solcher Mittel muß aber unbedingt verhindert werden. „Anti-Floh-Halsbänder“ geben bis zu vier Monaten gas- oder puderförmige Wirkstoffe ab. In Hundehütten können bei einigen Halsbändern Giftgaskonzentrationen auftreten, die auch für den Hund bedenklich sind. Manche Halsbänder verlieren zudem durch Nässe an Wirksamkeit. Bei Flohbefall muß immer das Lager des Hundes mitbehandelt werden. Moderne Spezialmittel töten dabei nicht nur „erwachsene“ Flöhe, sondern stoppen auch die weitere Entwicklung der Flohlarven. Hundedecken werden am besten ausgekocht, Teppiche regelmäßig gesaugt und Stroh in der Hütte gewechselt.

Zecken lassen sich aus dem Gebüsch auf den Hund fallen, beißen sich in der Haut fest und saugen sich mit Blut voll. Je länger sie saugen, desto größer ist in bestimmten verseuchten Gegenden die Gefahr, daß eine für Hunde gefährliche Infektionskrankheit, die Borreliose, übertragen wird. Deshalb sollten Zecken so rasch wie möglich entfernt werden. Sie dürfen aber nicht einfach ausgerissen werden, weil dabei die Beißwerkzeuge in der Haut steckenbleiben und Entzündungen verursachen können. Am besten erfaßt man die Zecke mit einer Spezialpinzette und hebelt sie drehend aus der Haut heraus. Auf keinen Fall darf eine Zecke mit Alkohol betäubt oder mit Öl erstickt werden. Im Todeskampf gibt sie ihren Speichel in die Blutbahn des Hundes ab und damit eventuell Erreger einer Infektion. Inzwischen gibt es, allerdings nur beim Tierarzt, ein Anti-Zecken- und -Flohhalsband, das den Befall mit Zecken weitgehend und das Blutsaugen sicher verhindert.

Die Ohren sollten alle vier Wochen gereinigt werden. Mit Wattestäbchen kann man das Trommelfell zwar kaum verletzen, das Ohrenschmalz aber in der Tiefe zusammenstopfen. Besser ist ein alkoholischer Ohrreiniger, der randvoll ins Ohr eingegossen und bei zugedrückter Ohrmuschel durchmassiert wird. Das gelöste Ohrenschmalz kann der Hund dann selbst ausschütteln, vorzugsweise im Freien.

Dunkle, übelriechende Beläge im Ohr zeigen eine Entzündung an. Meist wird sich der Hund dann auch am Ohr oder – scheinbar – am Halsband kratzen und den Kopf schütteln. Ursache des „Ohrenzwanges“ können Ohrenmilben, Grasgrannen oder andere Fremdkörper sowie Bakterien und Pilze sein. Wenn zwei- bis dreimalige gründliche Reinigung mit dem Ohrreiniger keine Besserung bringt, ist eine gezielte Behandlung erforderlich.

Die Augen werden mit einem Stückchen Mullbinde oder einem Taschentuch vom „Schlaf“ gereinigt. Fusseln von Watte oder Papiertaschentüchern reizen die Schleimhäute. Bindehautentzündungen können auch durch Zugluft, Staub oder starke Sonne verursacht werden. Zur Linderung werden Augentropfen in den heruntergezogenen Bindehautsack geträufelt. Borwasser wird heute nicht mehr verwendet, weil feine Kristalle als Fremdkörper wirken können. Länger andauernder wäßriger, schleimiger oder eitriger Augenausfluß sollte nicht mit Hausmitteln kuriert werden. Es könnte eine Infektion vorliegen. Wucherungen auf der Rückseite der Nickhaut müssen meist operativ behandelt werden.

Die Zähne werden durch Hundekuchen oder Knochen ausreichend gereinigt. Auch die Tortur des Zähneputzens kann Zahnstein kaum verhindern. Zur Entfernung weicher Beläge eignet sich am ehesten ein Wattebausch, getränkt mit dreiprozentiger Wasserstoffsuperoxydlösung.

Zahnstein ist ein fest anhaftender brauner Belag aus verhärteten Salzen. Fauliger Mundgeruch durch Zahnfleischentzündungen und -vereiterungen sowie Zahnausfall sind die Folgen. Zahnstein sollte frühzeitig fachkundig entfernt werden.

Lose Zähne müssen gezogen werden. Da der Hund keine Beute jagen, festhalten oder zerreißen muß, kann er auf schmerzende Zähne gut verzichten. Nach Entfernung der Eiterherde wird er sich auch allgemein wohler fühlen, denn sie können den Körper vergiften und zum Beispiel chronische Herzklappenentzündungen auslösen.

Die Analbeutel sollen eigentlich bei jedem Kotabsatz eine individuelle Duftmarke zur Revierkennzeichnung hinterlassen. Infolge der Domestikation funktioniert die Entleerung häufig nicht richtig. Sekretstauungen sind die Folge; den Juckreiz versucht der Hund vergeblich durch Rutschen auf dem After zu beseitigen. Dieses „Schlittenfahren" ist entgegen landläufiger Vermutung fast nie auf Wurmbefall zurückzuführen. Stark gefüllte Analbeutel müssen fachkundig ausgedrückt, vereiterte müssen tierärztlich behandelt werden.

Die Krallen werden nur bei regelmäßigem Auslauf auf hartem Untergrund ausreichend abgelaufen. Nur bei krankhaftem Hornwachstum oder Stellungsfehlern müssen sie geschnitten werden. Dabei soll die in der Kralle verlaufende Ader nicht verletzt werden. „Wolfskrallen", Überbleibsel der an sich verkümmerten fünften Zehe an den Hinterläufen, können bei Verletzungen stark bluten. Sie sollten vorsorglich amputiert werden. Das geschieht üblicherweise schon bei neugeborenen Welpen.

Erste Hilfe tut not

Hautverletzungen müssen genau inspiziert werden. Oberflächliche Abschürfungen und Schrunden können mit Hausmitteln behandelt werden. Auf jeden Fall werden im Bereich der Verletzungen die Haare mit einer gebogenen Schere kurz abgeschnitten. Sie verkleben sonst mit dem Wundsekret; Vereiterung ist die Folge. Die Wunde wird mit Wundgel, -spray oder -tinktur behandelt. Fetthaltige Salben behindern den heilungsfördernden Luftzutritt, Puder verkrustet.

Bei tieferen Wunden mit Durchtrennung der Haut sollte umgehend ein Tierarzt hinzugezogen werden. Bei Beißereien und Stacheldrahtverletzungen wird die Haut oft vom Körper losgerissen, so daß tiefe Taschen zu versorgen sind. Von Fall zu Fall ist zu prüfen, ob eine „offene Wundbehandlung" oder eine Naht besser ist. Nur frische Wunden können mit Aussicht auf komplikationslose Heilung genäht werden.

Den Blick schon auf das nächste Hindernis gerichtet

Eine offene, aus der Tiefe nässende oder eiternde Wunde darf der Hund belecken. In allen anderen Fällen wird die Wundheilung behindert, weil die zarten Heilungszellen am Wundrand gestört werden. Das Belecken von Wunden und das Abreißen von Verbänden können durch einen Halskragen verhindert werden, den es fix und fertig vom Tierarzt gibt.

Wundstarrkrampf ist beim Hund selten. Impfungen sind daher nicht üblich. Zur Vorbeugung sollen Wunden ausbluten und nicht luftdicht abgedeckt werden. Wenn größere Adern verletzt sind, kommt es zu andauernden, starken Blutungen. Häufig tritt Blut im Strahl aus. Dann muß zur Ersten Hilfe ein Druckverband angelegt werden. An ungünstigen Körperstellen wie am Kopf kann auch von Hand eine Kompresse aufgedrückt werden. Gliedmaßen können abgebunden werden, die Abbindung muß aber viertelstündlich kurz gelöst werden. In solchen Fällen ist stets umgehend tierärztliche Hilfe erforderlich.

Unfälle können auch zu inneren Verletzungen und Gehirnerschütterungen führen. Bei Bewußtseinstrübungen soll nie Flüssigkeit eingeflößt werden. Die Maulschleimhaut kann aber mit Kaffee, Tee oder auch einfach mit Wasser befeuchtet werden. Der Hund wird vorsichtig getragen oder seitlich mit tiefliegendem Kopf und herausgezogener Zunge auf einer Decke gelagert, die, von zwei Personen an den Ecken strammgezogen, auch als „Tragbahre" dient. Am Unfallort sind meistens die Diagnose und vor allem eine wirksame Schockbehandlung erschwert. Telefonisch sollte zur Vermeidung unnötiger Wege und Zeiten ein dienstbereiter Tierarzt verständigt und umgehend aufgesucht werden.

Lahmheiten können viele Ursachen haben. Als erstes wird die Pfote untersucht. Dornen oder Splitter werden ausgezogen. Verfilzte Haare drücken zwischen den Ballen wie ein Stein im Schuh; sie werden daher vorsichtig ausgeschnitten. Wunde Stellen werden wie Hautverletzungen behandelt. Im Winter müssen Streusalzreste von den Pfoten abgewaschen werden. Bei Krallenbettentzündungen können warme Kamillen- oder Seifenbäder Linderung bringen. Lose Krallenteile werden an der Bruchstelle beherzt abgeschnitten. In vielen Fällen ist ein Verband erforderlich. Er muß fachkundig angelegt werden, um Druckstellen zu vermeiden.

Bei Schwellungen, Prellungen und Verstauchungen kann das Fell des betroffenen Körperteils mehrmals täglich mit kaltem Wasser durchnäßt werden. Das wirkt wie ein Kühlverband, lindert den Schmerz und hemmt – frühzeitig angewendet – weitere Schwellungen. Wenn ein Bein überhaupt nicht belastet wird, besteht

Verdacht auf Knochenbruch. Bei stark abnormer Beweglichkeit können die Gliedmaßen durch eine Notschiene ruhiggestellt werden. Andauernde, wiederkehrende oder sich verschlimmernde Bewegungsstörungen sind stets ein Fall für den Tierarzt. Das Humpeln auf einem Hinterbein wird nicht selten durch eine Ausrenkung der Kniescheibe oder durch Riß von Bändern bedingt, die operativ fixiert werden müssen.

Vergiftungen sind meist „Unglücksfälle“ und nur selten böse Absicht. Rattengift kann bei unsachgemäßem Auslegen direkt, aber auch mit vergifteten Nagetieren aufgenommen werden. Meist handelt es sich um Cumarinpräparate, die zu inneren Blutungen führen. Vorsicht ist auch bei Schädlings- und Unkrautbekämpfungs- sowie bei Frostschutzmitteln geboten. Hochgiftige Thallium-, Zinkphosphid- und Arsenzubereitungen, Blausäure und Strychnin sind heute gottlob kaum noch erhältlich. Die besten Überlebenschancen bestehen, wenn man „nach frischer Tat“ das Gift wieder aus dem Magen herausbefördern kann. Der Tierarzt kann Erbrechen durch eine Spritze auslösen, der Laie durch Eingeben von zwei bis drei Teelöffeln Salz. Nach dem Erbrechen kann eine Aufschwemmung von etwa zehn Kohlekompretten eingeflößt werden. Milch wird nicht gegeben, weil verschiedene Gifte fettlöslich sind. Etwa vorhandene Hinweise auf die Art des Giftes ermöglichen eine rechtzeitige, gezielte tierärztliche Behandlung. Ungewisser sind die Aussichten, wenn Vergiftungsfolgen wie Krämpfe, Mattigkeit oder Brechdurchfall schon eingetreten sind, die Ursache aber nur vermutet werden kann. Eine genaue Diagnose ist oft erst durch Spätschäden wie Blutungen oder Haarausfall möglich. Dann kann es für eine Rettung bereits zu spät sein.

Durchfall ohne Fieber bessert sich häufig nach einem Fastentag: Der Hund erhält ausschließlich stark verdünnten Tee mit einer Prise Salz, aber ohne Zucker. Zur Geschmacksverbesserung ist Süßstoff erlaubt. Zusätzlich ist es nie verkehrt, eine Aufschwemmung von Kohlekompretten einzugeben. Keinesfalls darf Durchfall mit Wasserentzug „behandelt“ werden; der Körper würde zu stark austrocknen. Am zweiten Tag erhält der Hund in kleinen Portionen ein Diätfutter, zum Beispiel Beefsteakhack, Schmelzflocken und rohen geriebenen Apfel. Am dritten Tag muß der Kot zumindest wieder dickbreiig sein.

Verstopfungen lassen sich oft durch rohe Leber oder Milz oder einige Teelöffel süßer Dosenmilch beheben. Bei krampfhaft vergeblichem Drängen kann ein Mikroklistier Erfolg bringen. Bei einer Verhärtung von Knochenteilen im Enddarm hilft allerdings meist nur ein fachgerechter Einlauf.

Ganz entspannt

Erbrechen ist keine selbständige Krankheit. Einmaliges Erbrechen kann durch zu hastiges Fressen, zu kaltes Futter oder Aufnahme von Fremdkörpern ausgelöst werden. Gelegentliches Erbrechen ist beim Hund ohne große Bedeutung. Um zu erbrechen, frißt der Hund häufig Gras. Geschieht das regelmäßig oder wird ständig das Futter erbrochen, muß ein Tierarzt hinzugezogen werden. Auch Durchfall und Erbrechen mit Fieber sind kein Fall für Hausmittel.

Scheinträchtigkeit tritt bei manchen Hündinnen etwa acht Wochen nach der Läufigkeit auf. Sie sind unruhig, „bemuttern" irgendwelche Gegenstände, fressen schlecht und erbrechen gelegentlich.

Das Gesäuge schwillt, Milch bildet sich. Abhilfe schafft häufig wenig Fressen und Trinken bei viel Bewegung und Beschäftigung. Das Gesäuge kann mehrmals täglich mit kaltem Wasser befeuchtet werden, um Schwellung und Milchproduktion zu hemmen. Keineswegs soll die Milch ausgedrückt werden. Damit würde nur die weitere Milchbildung angeregt. Bei sehr starker Gesäugeschwellung und trotz Hausmitteln nicht nachlassenden Erscheinungen muß der Tierarzt verständigt werden.

Insektenstiche, vor allem durch das Schnappen nach Wespen und Bienen verursacht, können schnell zu erheblichen Schwellungen am Kopf oder, noch schlimmer, im Rachen führen. Äußerliche Kühlung mit Eiswürfeln und eine Tablette gegen Allergie ersparen oft nicht die möglichst rasche tierärztliche Behandlung.

Alarmzeichen

Fieber ist eine Abwehrreaktion des Körpers, meist auf Infektionen. Die Hundenase kann auch beim kranken Hund feucht und kühl sein. Die Temperatur muß mit einem Fieberthermometer (je nach Modell bis zu fünf Minuten) im Mastdarm gemessen werden. Sie darf nicht über 39 °C liegen. Untertemperaturen unter 37,5 °C entstehen infolge einer Reduzierung der Stoffwechselvorgänge häufig vor dem Tod.

Husten, als ob ein Knochen im Hals säße, tritt bei Mandelentzündungen auf. Ernstere Infektionen wie Zwingerhusten oder gar Staupe könnten auch vorliegen. Pumpende Atmung entsteht durch eine Lungenentzündung, aber auch durch Wasseransammlung in der Lunge, zum Beispiel infolge von Vergiftungen. Bei alten Hunden kann der damit verbundene Husten auch auf eine Herzschwäche zurückzuführen sein. Bauchpressen und Aufblasen der Backen sind Zeichen höchster Atemnot.

Schleimhäute im Auge und im Fang geben Hinweis auf innere Erkrankungen: Blässe deutet auf Blutarmut hin, Gelbfärbung auf Leberschäden mit Gelbsucht, Blutungen auf schwere Infektionen oder Vergiftungen, eine bläuliche Färbung tritt bei Herz- und Kreislaufschwäche auf.

Kot und Urin mit Blutbeimengungen lassen krankhafte Veränderungen erkennen. Bei Blutungen im Magen und in den vorderen Darmabschnitten kann der Stuhl durch das verdaute Blut pechschwarz aussehen. Nierenerkrankungen können auch mit erhöhtem Durst verbunden sein. Wenn Mattigkeit und Mundgeruch hinzukommen, ist meist bereits eine Harnvergiftung eingetreten.

Harnsteine, Blasenriß oder Vergiftungen können dazu führen, daß überhaupt kein Urin mehr abgesetzt wird; dann besteht höchste Gefahr. Geschwülste, Prostatavergrößerungen und Mastdarmveränderungen erschweren den Kotabsatz. Verhärtete Knochenteile können den Enddarm völlig verstopfen. Erbrechen und zunehmende Mattigkeit bei fehlendem Kotabsatz sprechen für Darmverschluß oder einen Fremdkörper im Darm.

Speicheln wird im harmlosesten Fall durch Fremdkörper in der Maulhöhle oder durch lose Zähne verursacht, bedenklicher wäre eine E605-Vergiftung oder Pseudowut, schlimmstenfalls ist an Tollwut zu denken.

Umfangsvermehrungen des Bauches bei sonst normalem Ernährungszustand oder zunehmender Abmagerung können durch Tumore oder Bauchhöhlenwasser hervorgerufen werden. Bei einer Gebärmuttervereiterung besteht gleichzeitig fast immer starker Durst, gelegentlich auch Scheidenausfluß. Eine plötzliche Aufblähung des Bauches mit Kolik und Kreislaufschwäche, bedingt durch eine Magendrehung, erfordert unverzügliche Operation. Eine Entzündung der Kaumuskeln mit Schwellung und Verhärtung sowie hervortretenden Augäpfeln muß sofort tierärztlich behandelt werden.

Infektionen bedrohen die Gesundheit

Staupe und ansteckende Leberentzündung (Hepatitis) sind Viruskrankheiten, die für Junghunde besonders gefährlich sind, aber auch ältere Hunde befallen. Staupe beginnt mit einem häufig kaum merkbaren, kurzen Fieber, dem nach etwa acht Tagen eine schwere Lungenentzündung mit eitrigem Augen- und Nasenausfluß oder ein Durchfall folgt. Eine besondere Verlaufsform ist mit einer Verhärtung der Ballen verbunden. Nach scheinbarer Besserung treten nervöse Erscheinungen bis hin zu Krämpfen auf, die meistens zum Tod führen. Nach überstandener Staupe bleibt häufig ein nervöses Zucken der Kopfmuskeln, der „Staupetick“, nach Erkrankungen im Junghundealter das „Staupegebiß“ mit erheblichen Zahnschmelzdefekten zurück.

Die ansteckende Leberentzündung verläuft ähnlich, mit hohem Fieber, Apathie und Appetitlosigkeit. Hornhauttrübungen können bleibende Folgeschäden sein.

Stuttgarter Hundeseuche (Leptospirose) wird durch Bakterien verursacht und von Hund zu Hund übertragen. Sie beginnt häufig mit einer Schwäche in den Hinterbeinen. Geschwüre im Maul, Magen und Darm sind mit aasartig-faulem Maulgeruch und blutigem Durchfall verbunden.

Tollwut tritt bei Hunden nur noch selten auf. Die Seuche wird vor allem durch Füchse übertragen. Hinweisschilder warnen in gefährdeten Gebieten vor Tollwut. Die Krankheit ist besonders tückisch: Die typischen Wuterscheinungen mit heiserem Gebell, Wasserscheue, Unruhe und unmotivierter Beißwut fehlen häufig. Die „stille Wut“ ist im Anfangsstadium schwer zu erkennen. Ein erkranktes Tier stirbt immer.

Parvovirose ist eine Viruskrankheit, die sich bei Hunden aller Altersgruppen in schweren, durch Erbrechen und Durchfall gekennzeichneten Erkrankungen äußert. Bei Welpen kann plötzlicher Herztod auftreten. Der Erreger ähnelt dem Katzenseuchevirus; eine wechselseitige Ansteckung zwischen Hund und Katze ist jedoch nicht möglich. Die Ansteckung erfolgt über Ausscheidungen von Hund zu Hund, aber auch durch Verschleppung angetrockneter Ausscheidungen, zum Beispiel an Kleidungsstücken.

Impfungen schützen vor diesen Infektionskrankheiten

Welpen in gefährdeten Zuchten oder ungeimpfte Hunde mit verdächtigen Krankheitserscheinungen können mit einem Serum behandelt werden, das fertige spezifische Abwehrstoffe enthält. Diese „passive Immunisierung“ schützt aber nur für zwei bis drei Wochen. Der Käufer eines Hundes sollte den Impfpaß daraufhin genau prüfen.

Länger dauernden Schutz vermittelt nur die „aktive“ Schutzimpfung. Dabei werden abgeschwächte oder abgetötete Infektionserreger eingeimpft. Der Körper reagiert darauf mit der Bildung eigener Abwehrstoffe. Bei den heute üblichen Kombinationsimpfstoffen kennzeichnen die Buchstaben S, H, L, T und P die Wirksamkeit gegen die in Frage kommenden Seuchen. Welpen werden mit sechs bis acht Wochen das erste Mal geimpft und müssen dann mit etwa zwölf Wochen nach Impfplan nachgeimpft werden. Auch bei älteren, noch nicht geimpften Hunden empfiehlt sich eine zweimalige Grundimmunisierung, um einen umfassenden Impfschutz gegen alle Infektionskrankheiten aufzubauen.

Der einmal gebildete Impfschutz baut sich im Laufe der Zeit ab. Kommt der Hund mit betreffenden Seuchenerregern in Berührung, so wird die Antikörperbildung aufgefrischt. Ist der Impfschutz aber bereits zu stark abgesunken, kann der Hund erkranken. Deshalb sind regelmäßige Auffrischungsimpfungen erforderlich, am besten jährlich mit einem Kombinationsimpfstoff. Denn die Tollwutimpfung wird ohnehin nur für ein Jahr anerkannt, die Leptospiroseimpfung wirkt nicht länger, und gegen die seit einiger Zeit wieder bedrohlich zunehmende Staupe gilt es, auf Nummer Sicher zu gehen.

Ein sicherer Impfschutz des Hundes ist auch für den Menschen wichtig. Erkrankte Hunde können Leptospiren übertragen, die beim Menschen das „Canicola-Fieber“ oder die „Weilsche Krankheit“ hervorrufen. Hundetollwut ist wegen des engen Kontaktes für Menschen viel gefährlicher als Wildtollwut. Geimpfte Hunde übertragen keine Tollwut. Nach einem Kontakt mit verdächtigem Wild brauchen sie deshalb auch nicht getötet zu werden, wie dies für ungeimpfte Hunde gesetzlich vorgeschrieben ist.

Gegen andere Infektionen schützt Vorsicht

Toxoplasmose wird durch einzellige Schmarotzer hervorgerufen. Ihr Stammwirt ist die Katze. Bei anderen Tieren werden ansteckungsfähige Dauerformen gebildet. Hunde erkranken überwiegend durch infiziertes Schweinefleisch. Für die Ansteckung des Menschen wurden sie früher zu Unrecht verantwortlich gemacht.

Aujeszkysche Krankheit wird ebenfalls durch Schweinefleisch übertragen. Unstillbarer Juckreiz, Unruhe, Ängstlichkeit und Speichelfluß haben gewisse Ähnlichkeit mit Tollwut. Die Krankheit wird daher auch „Pseudowut" genannt. Schweinefleisch und in der Zusammensetzung unbekannte Fleischmischungen, zum Beispiel aus Supermärkten, müssen deshalb gut durchgekocht werden. Fertigfutter und Rindfleisch sind dagegen unbedenklich.

Zwingerhusten tritt vor allem in Tierheimen und Hundehandlungen auf. Unter begünstigenden Umständen lösen Viren und Bakterien gemeinsam Entzündungen von Luftröhre und Bronchien aus. Kennzeichnend ist ein kurzer, trockener Husten. Sekundärinfektionen können den Krankheitsverlauf verschlimmern. Während des Urlaubs sollte man seinen Hund nicht in unbekannte Heime oder Pensionen geben oder ihn vorsorglich auch gegen Zwingerhusten impfen lassen.

Wurmkuren gegen unerwünschte Kostgänger

Spulwürmer können bei Junghunden zu Verdauungs- und Entwicklungsstörungen, zu Vergiftungserscheinungen und sogar zum Tod führen. Fast alle Welpen werden im Mutterleib mit Spulwürmern infiziert. Die ersten Wurmkuren soll schon der Züchter durchführen. Junghunde werden vierteljährlich entwurmt. Ältere Hunde beherbergen nur noch einzelne Würmer. Sie richten zwar keinen großen Schaden an, sind aber eine ständige Infektionsquelle. Hündinnen sollten zumindest sechs Wochen nach jeder Läufigkeit, Rüden mindestens einmal jährlich entwurmt werden. Bei festgestelltem Wurmbefall ist eine sofortige Entwurmung mit einer Wiederholungsbehandlung nach zwei bis drei Wochen erforderlich. Rohe Möhren garantieren keine Wurmfreiheit. Wirksame und verträgliche Mittel sind verschreibungspflichtig. Sie wirken auch gegen andere Rundwurmarten, zum Beispiel gegen Hakenwürmer.

Spulwürmer sind auf ihre Wirtstierarten spezialisiert; wenn der

Mensch Hundespulwurmeier aufnimmt, schlüpfen zwar Larven und beginnen ihre Wanderung im Körper, sie bleiben jedoch in Organen oder Muskeln stecken und können dort schmerzhafte Entzündungen verursachen. Besonders gefährdet sind „Krabbelkinder“. Wurmkuren dienen daher auch dem Gesundheitsschutz der Familie.

Bandwürmer brauchen für ihre Entwicklung stets einen Zwischenwirt. Für den Hundebandwurm ist dies der Floh. Er nimmt die Wurmeier auf, aus denen sich eine Finne entwickelt. Der Hund „knackt“ den Floh, die Finne wächst im Hundedarm zum fertigen Bandwurm aus. Mit dem Kot erscheinen nach geraumer Zeit einzelne kürbiskernförmige, anfangs noch bewegliche Bandwurmglieder oder ein längeres, deutlich gegliedertes Wurmende. Es gibt heute neben speziellen Spulwurm- und Bandwurmmitteln auch Präparate, die gegen beide Parasitenformen wirksam und dabei gut verträglich sind. Empfehlenswert ist eine systematische vierteljährliche Bandwurmbehandlung des Hundes. Zur Bandwurmkur gehört stets eine Flohbehandlung von Hund und Lager.

Besonders bei Jagdhunden kann auch der „gesägte Bandwurm“ auftreten, dessen Zwischenwirte Hasen und Kaninchen sind. Andere Bandwurmarten, die durch Fisch oder Wild, Rinder- oder Schafeingeweide übertragen werden, kommen seltener vor. Dazu zählt der „dreigliedrige Bandwurm“, der auch dem Menschen gefährlich werden kann. Der Hund sollte zur Vorbeuge keine rohen „Konfiskat“- Innereien erhalten und daran gehindert werden, Kadaver von Wildtieren anzufressen. Für Menschen besonders gefährlich ist der vor allem in einigen Gegenden Mittel- und Süddeutschlands verbreitete „Fuchsbandwurm“, der auch durch Hunde übertragen werden kann. Neben regelmäßigen Bandwurmkuren ist es die beste Vorbeuge, den Hund in Wald und Flur anzuleinen.

Gefahren für die menschliche Gesundheit?

Impfungen und Wurmkuren schränken Ansteckungsgefahren ein. Hygiene tut ein übriges: Selbstverständlich hat der Hund sein eigenes Lager und Futtergeschirr; beides ist peinlich sauber. Rasen und Wege werden von Hundekot freigehalten. Der Hund wird so erzogen, daß er das Gesicht nicht ableckt. Das Belecken der Hände ist Ausdruck seiner Zuneigung. Man darf sie dulden, denn man kann sich die Hände anschließend waschen. Vorsichtige können Lager, Hütte und andere hygienegefährdete Stellen und Gegenstände regelmäßig desinfizieren. Die Mittel sollen gegen Viren, Bakterien und Pilze wirken. Zur Schnelldesinfektion eignet sich besonders ein Spray, der auch Ektoparasiten abtötet.

Besonders angezeigt sind solche Maßnahmen, wenn der Hund eiternde Wunden, Ekzeme, Furunkel oder eine Vorhaut-, Zahnfleisch- oder Mandelentzündung hat. Diese Infektionen sind konsequent zu behandeln. Eitererreger können auch beim Menschen Komplikationen verursachen. Vorsicht ist stets bei schlecht heilenden oder sich ausbreitenden Ekzemen geboten: Räudemilben sind zwar auf Tierarten „spezialisiert", können jedoch auch beim Menschen juckende Hautrötungen verursachen. Hautpilzinfektionen sind auf Menschen übertragbar.

Daher sollte man umgehend eine Spezialuntersuchung und Behandlung veranlassen. Pilzinfektionen entstehen nur, wenn sich die Erreger länger als 12 bis 24 Stunden auf der menschlichen Haut einnisten können. Gründliches Waschen bannt die Gefahr. Zusätzliche Sicherheit bietet ein Handdesinfektionsmittel, das nach Berührung verdächtiger Stellen oder Ausscheidungen in die Hände eingerieben wird.

Allergien sind auch durch größte Sauberkeit nicht immer zu vermeiden. Einige Menschen reagieren bei Kontakt mit Tierhaaren und -hautteilen mit Ausschlägen oder Atembeschwerden. Katzen, Meerschweinchen und Vögel sind viel öfter als Hunde die Auslöser; viele andere pflanzliche und tierische Stoffe kommen hinzu. Die Allergieursache kann von einem Hautarzt durch Spezialtests auf der Haut ermittelt werden. Auf Verdacht braucht also kein Hund abgeschafft zu werden. Und vor der Anschaffung eines Schäferhundes brauchen auch gesundheitsbewußte Hundefreunde nicht zurückzuschrecken.

Der Schäferhund im Alter

Die Lebenserwartung größerer Hunde ist etwas niedriger als die der kleineren Rassen. Gelegentlich hört man zwar von 16- oder 18jährigen Schäferhunden. Dieses Alter ist aber die Ausnahme. Schäferhunde werden etwa zwölf Jahre alt, wenn nicht Krankheiten oder Unfälle sie schon in jüngeren Jahren dahinraffen.

Alterszeichen stellen sich etwa im achten Lebensjahr ein: Die Haare beginnen zuerst am Fang zu ergrauen, die Augen werden trüber. Mit zehn bis zwölf Jahren haben viele Hunde den „grauen Star". Sie sind dadurch aber weniger als Menschen behindert, denn die Nase erschließt ihnen weiterhin ihre Umwelt, auch wenn Schwerhörigkeit hinzukommt. Die Zähne sind abgenutzt, das Haarkleid wird stumpf.

Als ausgesprochene **Altersleiden** können Grützbeutel, Warzen oder Tumoren entstehen. Stoffwechselstörungen oder Hormonmangel können zu starkem Haarausfall und Ekzemen führen. Herzschwäche oder Lungenblähung sind mit Schweratmigkeit verbunden, der Hund ermüdet rasch. Eine Verknöcherung der Rückenmarkshäute kann zur Lähmung der Hinterhand führen. Häufig sind chronische Nierenleiden, gelegentlich treten Harnsteine auf. Den alten Rüden drückt die vergrößerte Prostata. Bei der Hündin wächst die Gefahr einer Gebärmuttervereiterung.

Der alte Hund bedarf unserer ganzen Fürsorge. Die Futtermenge wird erforderlichenfalls auf zwei Tagesmahlzeiten verteilt.

Auch im Alter mag und soll der Hund nicht nur hinter dem Ofen liegen, denn „wer rastet, der rostet!" Der Auslauf wird jedoch seinen Körperkräften angepaßt. Das Fahrrad bleibt im Keller, wenn der Hund nicht selbst zu erkennen gibt, daß ihm langsames Traben noch Spaß macht.

Das Ende

Eines Tages jedoch wird der Hund altersschwach und gebrechlich. Der Lebensmut scheint ihn verlassen zu haben: Er spürt instinktiv Schwäche wie seine Urahnen. Sie konnten in freier Wildbahn nicht mehr bestehen und wurden aus dem Rudel ausgeschlossen. Der Hundehalter hat nun eigene Empfindungen zurückzustellen und seinem Hund weitere und schlimmere körperliche und seelische Qualen zu ersparen. Ob der

Hoffnungsvoller Nachwuchs

Tierarzt den Hund zu Hause oder in seiner Praxis einschläfert, ist weniger wichtig. Entscheidend für den letzten Augenblick des Hundelebens ist es, daß der Besitzer bis zum Schluß bei seinem Hund bleibt, um ihm das Gefühl der Geborgenheit zu geben. Noch während der Injektion sinkt der Kopf des Hundes nieder, er stirbt ohne Anzeichen von Schmerzen. Der Besitzer hat die Gewißheit, seinem Hund ein hundewürdiges Ende ohne Qualen gewährt zu haben.

Wer ein eigenes Grundstück hat, darf seinen Hund hier begraben. Allerdings darf das Grundwasser nicht gefährdet werden. Die Grube muß mindestens einen Meter tief sein. In einigen Großstädten gibt es auch Hundefriedhöfe. Ein öffentliches Interesse an Hundefriedhöfen besteht jedoch nicht. Der Staat hat Vorsorge getroffen, daß Tierkörper in dazu eingerichteten Anstalten beseitigt werden können. Dabei werden Seuchengefahren und eine Belästigung der Allgemeinheit vermieden. Verbinden wir deswegen Tierliebe mit Umweltbewußtsein und Rücksicht auf anders empfindende Mitmenschen. Lassen wir den toten Hund beim Tierarzt, der für die ordnungsgemäße Beseitigung sorgen wird.

Nie wieder?

Mancher Hundefreund wird verzweifelt beschließen: „Nie wieder einen Hund!“ Aber damit sind wir noch nicht am Ende unserer Betrachtungen. Nach einigen Tagen wird er sich klarmachen, daß jeder Hund ihn nur ein Stück seines Lebensweges begleiten kann. Der echte Hundefreund wird deshalb mit seiner Hundefreundschaft nicht ein für alle Mal abschließen können. Ihm gilt mein letzter Rat: So bald wie möglich muß ein neuer Hund ins Haus. Ein Welpe sollte es sein, der mit dem alten Hund am wenigsten zu vergleichen ist und ganz andere Anforderungen stellt. Nie wird er seinem Vorgänger gleichen, nie wird er dessen Bild verdrängen. Trotzdem wird er mit Tatendrang und Energie das Herz seines Besitzers erobern, seine Fürsorge und Liebe voll in Anspruch nehmen und das Haus mit neuem Hundeleben füllen. Er wird eine eigenständige Hundepersönlichkeit entwickeln, die neue Erlebnisse vermittelt und neue Erinnerungen schafft. Sie werden den Hundefreund in seiner Begeisterung und Liebe zum Deutschen Schäferhund bestärken!

Anhang

Dankeschön

Ich danke allen, die mir mit Rat und Tat bei der Abfassung dieses Buches geholfen haben:
- dem Verein für Deutsche Schäferhunde (SV) e. V. Augsburg, und Herrn Hans Kremhelmer für wertvolle Hinweise und für die Bereitstellung von Archivmaterial;
- Frau Ursula und Herrn Werner Bisse, Hamburg, für viele praktische Hinweise und tatkräftige Unterstützung bei der Herstellung von Abbildungen;
- der Interessengemeinschaft Deutscher Hundehalter, Hamburg;
- den diensthundehaltenden Behörden und der Bergwacht des Bayerischen Roten Kreuzes für ihre Auskünfte.

Peter Brehm

Verbände

Die renommierten Rassehund-Zucht-Vereine in der Bundesrepublik Deutschland sind zusammengeschlossen im

Verband für das Deutsche
Hundewesen e. V. (VDH)
Westfalendamm 174,
44141 Dortmund.

Der über 75 Jahre bestehende VDH ist mit mehr als 60 Mitgliedsvereinen der größte Verband seiner Art in der Welt. Er ist seinerseits Mitglied der Fédération Cynologique Internationale (FCI).
Dem VDH gehört auch der

Verein für Deutsche
Schäferhunde (SV) e. V.
Steinerne Furt 71/71a
86167Augsburg

an.
Der 1899 gegründete SV ist mit fast einer Million Mitgliedern in 19 Landes- und über 2200 Ortsgruppen der größte Rassezuchtverein der Welt für eine Rasse. Der Deutsche Schäferhund hat wegen seiner hervorragenden Gebrauchshundeigenschaften Freunde in aller Welt gewonnen. Sie haben sich von Holland bis Japan in über sechzig nationalen Vereinen für Deutsche Schäferhunde zusammengefunden und in der Weltunion der Vereine für Deutsche Schäferhunde (WUSV) zusammengeschlossen.
In der Bundesrepublik Deutschland gibt es auch Gebrauchshundvereine, die dem VDH angehören und in denen Deutsche Schäferhunde mit anderen Gebrauchshundrassen um gute Leistungen wetteifern.
Wenn ich diese Vereine nicht namentlich anführe, so ist das kein Werturteil. Beim Deutschen Schäferhund bilden jedoch Zucht und Leistung eine Einheit; deshalb gehört der Deutsche Schäferhund meiner persönlichen Auffassung nach in „seinen“ Verein, und deshalb wurde der SV, der diese Rasse schuf, in diesem Buch so häufig genannt.

Weiterführende Literatur aus dem Parey Buchverlag

BEYERSDORF, P., 1993: Dein Hund auf Ausstellungen. 2. Auflage

BURTZIK, P., 1996: Erziehung und Ausbildung des Hundes. 5. Auflage.

FIEDELMEYER, L., 1983: Kauf, Pflege und Fütterung des Hundes. 3. Auflage.

HEGENDORF, 1980: Der Gebrauchshund. Haltung, Ausbildung und Zucht. 14. Auflage

KOBER, U., PEPER, W., 1995: Pareys Hundebuch. 2. Auflage.

KRAFT, W. (Hrsg.), 1998: Geriatrie bei Hund und Katze.

POORTVLIET, R., 1987: Mein Hundebuch. 2. Auflage.

QUEDNAU, F., 1987: Rechtskunde für Hundehalter.

SCHMIDTKE, H.-O., 1984: Gesundheitsfibel für Hunde. 2. Auflage.

SCHOKE, TH. A., 1998: Hundeausbildung.

WEIDT, H., 1996: Der Hund, mit dem wir leben: Verhalten und Wesen. 3. Auflage.

Bildnachweis

Seiten 2, 19, 24, 38, 61
ROLF HINZ, Wedel

Seiten 9, 13, 15, 26, 45, 48, 59, 60, 64, 70, 77, 79, 81, 82, 87, 90, 98
VEREIN FÜR DEUTSCHE SCHÄFERHUNDE E. V., Augsburg

Seite 16
ALI SCHAFLER/SAT.1, Berlin

Seiten 21, 33, 35, 36
INTERESSENGEMEINSCHAFT DEUTSCHER HUNDEHALTER E. V., Hamburg

Seite 37 (li.)
D. ALTMANN

Seite 37 (re.)
LOTHAR LENZ/Okapia

Seite 41
K.-ULRICH PEISKER, Schwerte

Seite 51
HANS REINHARD/Okapia

Seiten 54, 72
DAVID MEISSNER, Neumünster

Die übrigen Abbildungen stammen aus dem Besitz des Verfassers.